T0294045

UN ECONOMISTA
DE LETRAS

UN ECONOMISTA
DE LETRAS

Una novela de encuentros entre la economía y la literatura

Pedro Asensio Romero

Antoni Bosch ( ) editor

Publicado por Antoni Bosch, editor S.A.
Palafolls, 28 – 08017 Barcelona – España
Tel. (34) 93 206 07 30
e-mail: info@antonibosch.com
http://www.antonibosch.com

© 2009, Pedro Asensio Romero
© de la edición: Antoni Bosch, editor, S.A.

ISBN: 978-84-95348-47-0
Depósito legal: B-22871-2009

Diseño de la cubierta: Compañía de diseño
Fotocomposición: JesMart
Impresión: Liberdúplex

Impreso en España
Printed in Spain

Para Mar, Pedro y Enka

Índice

SEGUNDA PARTE

La muchacha rebusca en los cajones del mostrador y saca unas bandejas.

—Vea, veinticinco pesetas, veintidós, treinta, cincuenta, dieciocho (éstas son un poco peores), veintisiete…

Seoane sabe que en el bolsillo no lleva más que tres duros.

—Éstas de dieciocho, ¿dice usted que son malas?

—Sí, no compensa lo que se ahorra. Las de veintidós ya son otra cosa.

Camilo José Cela
La Colmena

PRIMERA PARTE

La mejor manera de despejar la incógnita

La primera vez que estreché la mano de un escritor fue cuando mi padre nos llevó a la Feria del Libro. Un sujeto, cuyo nombre ahora carece de importancia, firmaba autógrafos mostrando una amabilidad algo forzada o falsa. Se trataba de un novelista de éxito, autor de inverosímiles historias que hablaban de mundos habitados por ovnis, extraterrestres y demás elementos propios del género. Mi padre derrochaba entusiasmo porque iba a conocer a quien, en sus propias palabras, «le gratificaba con tantas y tantas horas de inconmensurable placer». Para ese fin, mayormente, fuimos a Madrid, una semana de mayo de mil novecientos setenta y nueve.

La verdad es que no muchas personas deciden embarcar a su familia en un largo viaje de fin de semana, utilizando un pretexto tan original e infrecuente. Mi padre tenía su aquel. Al día de hoy pienso que era más listo de lo que la gente creía, pero ahora estoy convencido de que no lo era tanto como él sospechaba. He de confesar, en cambio, que yo soy menos listo de lo que la gente piensa; y no todo el mundo está dispuesto a realizar este tipo de afirmaciones, créanme.

Pero volvamos a los hechos. Resulta que en algunas personas, y en ciertas ocasiones, la curiosidad se despierta de pronto, surge una duda, obsesiva, como una súbita ráfaga de viento que al acariciar tu piel te redime del aburrimiento y la monotonía que a veces caracteriza nuestras vidas; pues bien, esa duda se transforma en una pregunta cuya respuesta, lamentablemente, no siempre se encuentra a nuestro alcance. Yo soy de esas personas, y aquella era una de esas ocasiones. Aguardando nuestro turno, mis padres, mi hermana y yo, desde una dilatada cola de fieles lectores, me preguntaba cuánto dinero ganaría un escritor de esos que firmaban ejemplares de libros. Mi madre me dijo que la mejor manera de despejar la incógnita era consultando a un profesional de la literatura, de la literatura con mayúsculas, y enfatizó estas últimas palabras, al tiempo que indicaba con un leve arqueo de cejas y una ligerísima inclinación de cabeza hacia una caseta contigua. Tras el mostrador de una humilde editorial, un hombre de inestimable edad, pero joven en cualquier caso, esperaba con ánimo reflexivo la llegada de algún admirador. Abandoné la cola de los ovnis y entablé una charla con aquel extravagante personaje.

—Mi nombre es Sid. ¿Tú sabes lo que quieres?

—Creo que sí —le contesté, algo sorprendido por un recibimiento tan directo y seco.

—Dime pues, qué es lo que quieres.

—Saber cuánto gana un escritor —contesté sin más demora.

Entonces, elevando la voz y en solemne actitud, exclamó:

—¿Hacia dónde me seguirá llevando este camino? Mi sendero sigue un itinerario absurdo, da rodeos y quizá también vueltas. ¡Que siga por dónde quiera! Yo lo seguiré.

Citaba el pasaje de una novela de Herman Hesse, aunque eso lo descubriría unos años después. En la caseta de su editorial, una de esas que se conocen con el sobreponderado atributo de independiente, se podía escuchar música de los Sex Pistols. Me atrevería a decir que ante mí se hallaba un tipo raro y singular, una curiosa combinación entre Siddhartha y Sid Vicious. Transcurridos unos segundos, como saliendo del trance y en un tono mucho menos dramático, aquel individuo me comentó lo siguiente:

—Un libro es un producto que nace con el propósito de ser vendido: que lo lean o no carece de efecto económico directo.

—Pero si el comprador lee tu producto y más tarde lo recomienda, será mejor, ¿no? —le repliqué.

—Sí, claro, claro… —contestó, un tanto descolocado por mi apreciación.

—Los escritores —prosiguió en clave didáctica— somos creadores de un producto que se rige por la gran ley económica, ¿sabes de qué te hablo?

—No estoy seguro.

—La ley de la oferta y la demanda. Apuesto a que habrás oído hablar de ella.

—Ya…

—Los panaderos hacen pan, los sastres confeccionan trajes, los confiteros preparan pasteles y los escritores escriben libros.

—Escriben y venden libros, ¿no? —maticé enseguida.

—En efecto. Hay quienes venden mucho, como el fabulador de al lado, hay quienes nada venden, como yo.

No supe qué decir. Tras un brevísimo silencio, Sid añadió unas últimas palabras:

—Sé que no he satisfecho tu curiosidad, pero si te lo propones, tú mismo descubrirás la respuesta.

Entonces, cuando el sol se escondía detrás de las nubes, el escritor me regaló un ejemplar de su novela y me estrechó la mano, dando así por cancelada la conversación.

Más tarde, como siempre, empezó a llover.

Ciencias o letras

Desde niño, mi afición por los temas económicos venía siendo muy acusada. No ha de extrañar entonces que me interesara por el salario de un escritor, el día que visité por primera vez una feria del libro. Supongo que la influencia de mi padre, un auténtico hombre de negocios (en el clásico sentido de la expresión), pudo haber sido determinante. Estas cosas nunca se saben.

Aparte de mi inclinación hacia asuntos de índole monetaria, yo era un joven muy aficionado a leer. «Cuando el dulce veneno de la lectura había esclavizado ya mi espíritu», decía Luis Alberto de Cuenca, refiriéndose a su gran pasión, la literatura, a propósito de una crítica que hacía de *Pan*, la novela de Knut Hamsum. Pues eso, sería mi madre, licenciada en geografía e historia y profesora de un instituto, quien nos transmitiría el *dulce veneno*, tanto a mi hermana Montse como a mí.

Se equivocan quienes sostienen que la economía es una profesión no apta para la gente de letras. En el antiguo bachillerato siempre llegaba ese momento en el que uno se enfrentaba a la tradicional elección que dividía nuestros senderos académicos en dos mundos aparentemente contrapuestos: las ciencias y las letras. La gente de ciencias solía ser hábil con las matemáticas, la química, la biología o la física. Y si no eran hábiles, al menos no mostraban rechazo u hostilidad ante tales asignaturas. Los de letras, en cambio, nos decantábamos hacia la literatura o el arte en general, sentíamos curiosidad por la historia, no sufríamos con el latín o el griego, amábamos el lenguaje, en suma. Pero en ocasiones, los senderos de la vida no se trazan con perfiles o estereotipos tan simples como los que acabo de exponer. Uno se pasa gran parte de su existencia buscando el camino, y cuando no busca, descansa bajo un árbol y ve pasar a la gente, o trabaja como un animal de carga. Uno, sea animal o no animal, pasa gran parte de su existencia trabajando. (Recuérdenme que les hable más adelante de una peculiar clasificación del mercado laboral).

Al cumplimentar el formulario de matrícula ya tenía decidido a qué me quería dedicar en el futuro ¿Y cómo es eso?, se preguntarán. Supongo que la profesión de economista la consideraba interesante, muy de ese tiempo, con bastantes salidas laborales, sonaba bien... Las ciencias económicas y empresariales debían proporcionarme las claves de muchas incertidumbres que merodeaban sobre mi cabeza, y alumbrarían esa *curiosidad empresarial* que siempre tuve muy presente. Pensé que sería la opción más adecuada y procedí en consecuencia. Muchos célebres economistas, como Klein, Friedman, Solow o Tobin estudiaron economía porque deseaban conocer las causas que se escondían detrás de la depresión de los años treinta. Cuando cursaba bachillerato, España también atravesaba por un grave periodo de crisis, ¿podría ser ésta otra razón? Mi padre siempre estaba lamentándose: «No sabemos cómo va a acabar todo esto». Si los economistas pueden contribuir a despejar el camino y alejar los temores de gente como mi padre, no debe de ser una mala profesión ésta, pensé entonces. Por supuesto, yo era consciente de la gran importancia que se le atribuía a las matemáticas en los planes de estudios, de forma que, al señalar las diferentes opciones de letras en el formulario de matrícula, no olvidé marcar la dichosa asignatura de ciencias. Fue así como pasé a formar parte de ese club híbrido que llamábamos *letras con matemáticas*.

Poco tiempo después descubriría que, en la práctica, los economistas desarrollamos nuestra tarea con las cuatro reglas esenciales. Quienes precisan complejos modelos matemáticos son muy pocos, y, en la mayoría de las ocasiones, se equivocan. Los economistas siempre se están equivocando en sus predicciones. *Si debes predecir, predice mucho.* No, no es de mi cosecha, lo decía Paul Samuelson, el autor del clásico *Economía*, libro de texto con el que aprendimos millones de economistas:

> *Vuelve siempre la vista atrás. Puedes aprender algo de tus residuos. Normalmente, las predicciones que has hecho no son tan buenas como uno las recuerda; la diferencia puede ser instructiva. La máxima: si debes predecir, predice a menudo.*

¡Predice a menudo!, tiene gracia. Predecir conlleva realizar conjeturas sobre el mañana y yo soy más de hoy. Vivo el presente, sin reparar mucho en lo que me deparará el futuro. Lo de predecir no me va, aunque sí confieso que de vez en cuando me gusta volver la vista atrás, quizá sea esa la razón por la que escribo.

No les exagero si les confieso que me sentí tremendamente feliz cuando algunos años después, la jefa de estudios del Instituto Cervantes de Beirut me confirmó que yo impartiría un seminario de *Español para negocios*. Descubrir un nuevo sendero en tu vida profesional puede llegar a ser apasionante. Siempre estamos a tiempo.

Una tarde, finalizada la clase, Sandra y Alma se acercaron a mi mesa:

—Vamos a tomar algo, ¿te vienes?

—De acuerdo, pero ¿qué celebramos? (Pregunta estúpida. No es preciso celebrar nada para sentarse en una terraza en buena compañía y alrededor de unas cervezas).

—Lo bien que lo hemos pasado en este seminario —dijo una de ellas.

—Lamentamos mucho que esto acabe —comentó la otra.

La propuesta era atractiva y no soy yo dado a esas excusas que escudan la timidez del típico profesor, incapaz de alternar fuera de los ámbitos académicos o docentes. Pasamos una velada muy divertida. Eran mis últimos días en Oriente Medio. Esa misma noche recuperé algunos de mis antiguos cuadernos de notas, ordené muchos otros recuerdos y comencé a escribir estas páginas que usted ahora lee, espero que con creciente interés.

El valor de las cosas

¿Cuánto vale la novela de Sid? Me había obsequiado con un ejemplar de *Vida y obra de un hombre resignado*, de la editorial Estrella Polar, tristemente desaparecida, no pierdan el tiempo buscando referencias. Lo primero que debe hacer un economista es conocer el valor de las cosas. No es fácil determinar el valor de las cosas, menos aún el valor de los pensamientos. En la memorable *Casablanca*, Ingrid Bergman dice: «Un franco por tus pensamientos», y Humprey Bogart le contesta: «En América no dan más que un penique, y creo que no valen más que eso».

Karl Marx pretendía estimar el valor de las cosas en función del trabajo incorporado al producto, sumándole un beneficio al que denominó plusvalía. La plusvalía es una apropiación ilegítima de los empresarios, sostenía Marx. Plusvalía significa *más valor*, pero ese *exceso de valor* se interpreta como algo injusto. He ahí el origen de la lucha de clases. Las cosas valen lo que cada cual quiera que valgan, decía mi padre. Mi padre era un *subjetivo*.

—Papá, eres un subjetivo —le dije. Mi padre miró a mi madre con una expresión confusa («qué habrá querido decir»), o de perplejidad («a qué viene esto»), o de indignación («por qué me insulta el niño»), o vaya usted a saber.

La teoría subjetiva del valor supuso una auténtica revolución, mayor aún que las ideas que inspiraron las teorías marxistas. Ya de vuelta a casa, cuando atravesamos las llanuras de Castilla la Nueva, mi padre expuso lo siguiente:

—Si dividimos lo que el tal Sid cobra por derechos de autor entre el tiempo que le dedicó a su libro, obtendríamos un resultado, es decir, un salario por hora miserable.

Miserable es de esas palabras que, pronunciadas con ímpetu y en el momento adecuado, jamás olvida uno. Cuatro sílabas: *mi-se-ra-ble*.

—Cualquier otra profesión estaría mejor remunerada, de eso no tengas la menor duda, Javier —intervino mi madre. Pero a continuación, como enderezando la cuestión, añadió—: Aunque la santa verdad es que hay escritores que viven muy bien gracias a sus libros.

—Desde luego —convino mi padre—, no todos son Sid.

El *Siddhartha* de Herman Hess se dedicaba a vagar por el mundo, sin saber exactamente cuál era su destino. Un día le preguntaron qué sabía hacer y contestó que meditar, ayunar y escribir poesía. «¿Quisieras darme un beso por un poema?», preguntó Siddhartha. «Lo haré si tu poema me gusta», contestó la bella Kamala. Besos por poemas. El intercambio es otro de los objetivos de estudio para los economistas. O sea, los economistas estudiamos lo que valen las cosas, y qué, por qué y cómo se intercambian las cosas, ¿no es eso?

Sigamos. Mi padre iba al volante, conduciendo un *SEAT 131 Supermirafiori*, con motor *Perkins* de dos mil centímetros cúbicos. Lo de *Perkins* lo cito porque, para mi padre, la definición completa de un modelo de automóvil incluye inexcusablemente el tipo de motor y su cilindrada: una de las costumbres idiotas que NO he heredado de mi padre, vaya. Mi padre dijo que Sid era un comunista. Supongo que era la primera vez que yo estrechaba la mano de un comunista. A lo largo de mi vida estrecharía la mano de muchos otros comunistas, aunque, pensándolo bien, no puedo confirmarles que Sid fuera en realidad comunista. Es más, muchas de las manos que tiempo después estrecharía de supuestos comunistas resultaron ser un fiasco, no como manos, sino como comunistas, no sé si estoy liando mucho las cosas...

Mi padre se expresaba así, con su particular forma de designar a quienes no se correspondían con su manera de pensar. ¡El tal Sid es un comunista!, exclamaba, acentuando con destacada virulencia el artículo determinado «un». Mi madre hablaba eternamente (no recuerdo muy bien de qué hablaba mi madre: bla y bla y bla y bla...) y mi hermana dormía o permanecía con los ojos cerrados, practicando uno de esos ejercicios de respiración basados en alguna filosofía oriental que le habría enseñado Amanda.

Paramos en La Posada de Sancho, un bar de carretera que calculo estaría en la provincia de Ciudad Real, más o menos. Cuando don Quijote salió por segunda vez a recorrer sus célebres andanzas, se alojó en la posada donde, una noche, fue proclamado caballero. Al despedirse, el ventero le preguntó si llevaba dinero para abonar los gastos correspondientes a la estancia y la manutención. Don Quijote dijo no llevar dinero encima porque desconocía que los caballeros andantes tuvieran que pagar por la prestación de servicio alguno.

> *Preguntóle si traía dineros; respondióle don Quijote que no traía blanca, porque él nunca había leído en las historias de los caballeros andantes que ninguno los hubiese traído.*

Entre los muchos oficios que desempeñó Cervantes a lo largo de su azarosa vida, destaca el de recaudador de tributos. Durante algunos años viajó por numerosas ciudades del sur de España confiscando bienes. Llegó a estar recluido en la cárcel, condenado por un tribunal, en un incierto y confuso asunto de rendición de cuentas. ¿Fraude? ¿Malversación de fondos públicos? ¿Un malentendido? ¿Mala suerte?

El dinero en sí no tiene ningún valor. Su fortaleza reside en lo que podamos adquirir a través del intercambio económico. Y a veces, ni eso. «Era tan pobre que no tenía más que dinero», dice una canción de Joaquín Sabina. El poeta Manuel Alcántara sostiene que el dinero sólo sirve para no tener problemas de dinero y aunque no sea todo, ya es bastante. Al principio, las monedas estaban hechas de metales preciosos, como el oro o la plata, y no existían los billetes, ni por supuesto las tarjetas de crédito. La primera noticia que tuve de las tarjetas de crédito fue por una novela de ciencia ficción que narraba una historia imaginaria del futuro y que se titulaba *Looking Backward*. El dinero es una unidad de cambio generalmente aceptada por todos, como podría ser una concha marina, un cigarrillo rubio, una onza de chocolate o un poema. En las cárceles, quiero decir, en las películas donde aparecen cárceles, los presidiarios se intercambian cigarrillos, difícilmente poemas, todo lo más, cigarrillos por sencillas cartas de amor.

Mi padre pagó las consumiciones al camarero de La Posada de Sancho. Entregó billetes y monedas cifradas en pesetas. Antes, los billetes de mil pesetas llevaban la esfinge de Echegaray, el primer español que obtuvo el premio Nobel de Literatura. Ahora todo el mundo dice «las antiguas pesetas», pero en esa época de la que hablo, antiguo, lo que se dice antiguo, eran el real y la perra gorda. Todavía hay quien se resiste a calcular el valor de las cosas en euros, la moneda común de gran parte de Europa.

Recordemos la curiosa explicación de Paulo, famoso jurisconsulto romano, acerca de la importancia del dinero y la determinación del precio:

El origen de la compra venta está en las permutas, porque antiguamente no existía el dinero, ni se denominaba a una cosa mercancía y a la otra precio, sino que cada uno permutaba las cosas inútiles por otras útiles según las necesidades de los tiempos, porque acontece frecuentemente que le sobra a uno lo que a otro le falta. Pero como no siempre ni con facilidad sucedía, que teniendo tú lo que yo deseaba, tuviese yo, a mi vez, lo que a ti te interesaba recibir, se eligió una materia cuya valoración pública y perpetua evitase, mediante la igualdad de cuantía, las dificultades de las permutas, y esta materia, marcada con un signo público, implica un uso y dominio que no se basa tanto en la entidad específica como en la cuantía; desde entonces no constituyen ambas cosas mercancías, sino que una de ellas se denomina precio.

Después del breve descanso en La Posada de Sancho, reanudamos el viaje. A la altura de Despeñaperros, Montse leía un tebeo de Asterix pero muy pronto lo abandonaría, algo mareada, sin duda a causa del sinuoso trazado de la carretera. Un coche no es el lugar más adecuado para leer, por mucho motor Perkins que lleve, dijo mi madre. Mi padre me preguntó si queríamos escuchar alguna cinta de música. Mi madre era partidaria de *Nino Bravo*, mi padre de *Los Puntos*, mi hermana de *Triana* y yo de *Obús*. Lo echamos a suerte y gané. La portentosa voz de Fortu, el vocalista de aquella legendaria banda de *heavy metal*, decía algo así como:

Dinero, dinero. En mi cabeza constante estás. Dinero, dinero. Compras o vendes con intereses. Nunca podrás cambiar. Nunca podrás cambiarme. Construyes, destruyes el universo con tu poder. Rehuyes, intuyes vientos suaves o de huracán. Nunca podrás con el hechizo de tus bienes, has intentado atraparme. Eres como un lobo astuto, intentándome atrapar. Dinero, dinero. En mi cabeza constante estás. Compras o vendes con intereses.

La esquina sur de la península

Vivíamos en Almería, Almería, una ciudad situada en la esquina sur de la península. ¿Almería... Almería? Sí, les aclaro. En mi idioma es frecuente que repitamos el nombre del municipio cuando queremos diferenciar la capital de cualquier otro lugar de la provincia. Por lo general, los topónimos de la capital y la provincia coinciden.

—Entonces, ¿vives en Cuenca, Cuenca?

—No, en Belmontejo, un pueblecito que está a unos cien kilómetros de la capital.

El Zapillo se localiza en pleno litoral, bordeando el mar Mediterráneo. Lamentablemente, mi barrio adolecía de una asfixiante densidad urbana: altos edificios, calles estrechas, saturación de vehículos mal aparcados, carencia total de zonas de ocio y recreo, panorama, por cierto, muy habitual tras la expansión de muchas ciudades aquejadas por el desarrollismo de los años sesenta. Sin embargo, en aquel tiempo, esas deficiencias eran suplidas (a mi juicio con creces) gracias a la extensa playa que bañaba todo el barrio. La playa, aun en los desapacibles días de invierno, era nuestro espacio de encuentro para los juegos y, sobre todo, el fútbol, entretenimiento que ocupaba la mayor parte de nuestras horas. Años después, con el nuevo paseo marítimo, el barrio ganaría en comodidad y presencia, como bien podía leerse en un periódico local:

> «Con el nuevo paseo marítimo, el Zapillo gana
> en comodidad y presencia».

Pero, ¿saben? las imágenes y los recuerdos que atesoramos en nuestro corazón, los episodios que dan vida a nuestra niñez y adolescencia, tienen una fuerza tan intensa, que no creo que exista proyecto de reforma urbana que pueda hacerlos olvidar.

En el piso de arriba vivían dos hermanas jubiladas de origen galés: una había sido enfermera y la otra bailarina, se llamaban Hellen y Margaret; a esta última todos la conocían como la cabaretera. El abuelo de mi amigo Paco decía que las dos hermanas eran dueñas de una inmensa fortuna. Dos o tres veces por semana, Montse y yo acudíamos a sus clases particulares de inglés y he de decir que jamás observé muestra de ostentación, no sé, alguna señal de opulencia que pudiera corroborar lo que la leyenda decía de ellas. Mi madre, que durante años había cursado estudios de danza española, enseñaba a las galesas (como también se las conocía en el barrio) los principios más elementales del baile flamenco; a cambio, Montse y yo nos íbamos soltando con el inglés, idioma que en el futuro habría de ejercer una influencia terminante para la obtención de algunos empleos. Aquel pacto sería muy semejante al de *Una pantera en el sótano*, la novela de Amos Oz, cuya trama se desarrolla poco antes de la creación del Estado de Israel, cuando las tropas británicas estaban a punto de abandonar Oriente Medio. Un muchacho llamado Profi entabla amistad con un soldado extranjero y ambos acuerdan intercambiar clases de inglés por clases de hebreo.

La cabaretera llegó a ser directora de variedades en el Casino du Liban, tiempo atrás. Según contaban en el barrio (no sé si a instancias del abuelo de mi amigo Paco), el dueño y a la vez amante de Margaret, un multimillonario kurdo de incierto pasado, apareció muerto en un acantilado, muy cerca de Tiro. En esa época se iniciaba la guerra civil del Líbano. Las hermanas galesas abandonaron Oriente Medio. Margaret escondió parte de la fortuna del fallecido en los bajos de dos enormes baúles, y junto a su hermana Hellen, que dejó su empleo en un hospital del barrio cristiano de Ashrrafieh, salieron del país y viajaron hasta Niza. Poco tiempo vivieron allí las galesas. En España, muerto Franco, se daban los primeros pasos para instaurar un régimen democrático y mi padre empezaba a ganar dinero con la exportación de productos agrícolas cultivados en arena, gracias a innovadores sistemas de riego por goteo. Las hermanas decidieron entonces instalarse en Almería, en mi edificio, dos pisos más arriba, en un apartamento con vistas al mar. Decían que les recordaba Beirut.

Las galesas eran muy aficionadas a la música. Había días en los que Margaret tocaba el violín y Hellen la acompañaba al piano. Otras veces bailaban por bulerías, con sus mecánicos y voluntariosos zapateados, al compás exacto de un metrónomo, con un duende flamenco (si se admite la definición) notablemente forzado. Mientras tanto, Montse y yo trabajábamos en nuestro *english homework* (deberes, todo sea dicho, que tendríamos que haber resuelto en casa). Nos sentábamos alrededor de una mesa ovalada de color hueso, situada en la terraza de un séptimo piso. Desde el apartamento de El Zapillo contemplaba el azul del cielo, distinguiendo una traza muy sutil, dibujada en el horizonte, que diferenciaba el suavísimo contraste con el agua del mar. A lo lejos, en línea recta, era muy probable que estuviera Beirut, ciudad donde años después me trasladaría por motivos profesionales.

El mercado laboral

El panorama era tremendo. Había bolsas de basura abiertas por todas partes, con residuos esparcidos sobre las calzadas y las aceras, obstaculizando el paso de los coches y hasta de la gente. Muchas calles permanecieron cortadas al tráfico. Confieso que desobedecí a mi madre, quien me advirtió que no saliera de casa. Mi amigo Paco era partidario de sentarnos en el muro de la playa, lejos de cualquier riesgo que pudiera acontecer. ¿Riesgo? ¿Riesgo por qué?, dijo Amanda. Así pues, decidimos quedarnos en nuestra calle, viendo a unos operarios que, a modo de tropas de resistencia, desembarcaban de unos camiones e intentaban llevar a cabo su trabajo.

La limpieza y recogida de basura es una competencia municipal. El año anterior, el Ayuntamiento había dejado de gestionar este servicio de forma directa; ahora se encargaba una empresa a la que llamaban *La Contrata*. La dirección de *La Contrata* no aceptaba la propuesta que el comité de empresa había formulado. El ambiente laboral era tenso y enrarecido. Los sindicatos pretendían monopolizar la fuerza de trabajo: que nadie pudiera prestar mano de obra al margen del comité mientras durara la huelga. En el mercado de trabajo, al igual que ocurre en otros ámbitos de la economía, unos ofrecen y otros demandan a cambio de un precio (salario). Las reivindicaciones, un incremento de un seis por ciento en las retribuciones y la reducción de la jornada laboral (aparte de otras ventajas relacionadas con el vestuario, la maquinaria y los utensilios de limpieza), no fueron aceptadas por la dirección. Varios días consecutivos de paralización de este servicio municipal produce unos efectos devastadores en cualquier ciudad. *La Contrata*, con la connivencia del alcalde, había preparado a un contingente extraordinario dispuesto a recoger basuras, una suerte de ejército liberador enfrentado a las consignas sindicales. La arriesgada tarea (¿Riesgo? ¿Riesgo por qué?) se iniciaba en las calles de El Zapillo, y nosotros estábamos allí, testigos de una violenta confrontación entre trabajadores y fuerzas de seguridad, por una parte, y entre los propios operarios, por otra.

Por la avenida aparecieron los primeros grupos de antidisturbios. Muy pronto, el tumulto nos alcanzó: gritos e improperios de manifestantes, peleas, contenedores ardiendo y pelotas de goma lanzadas por policías conformaban la estampa. Nos refugiamos en la tienda de Samuel, aunque no pudimos evitar que una pelota alcanzara con fuerza el antebrazo de Amanda. Seguro que el golpe le causó una molesta contusión, sin embargo, nuestra amiga no exteriorizó ninguna expresión de dolor. Una hora después, mi padre me reprendía con extremada dureza, censurando mi comportamiento, como si el culpable del conflicto laboral fuera yo.

En estos días leo con inmenso placer *Germinal*, la legendaria obra de Emile Zola en la que se describe cómo nace, se desarrolla y extingue una huelga de mineros. En un cajón de mi escritorio, a título de recuerdo, guardo aún la bola negra de caucho, y en mi memoria están grabados los ojos de Amanda, que me miraban como si nada pasara.

Aventuras empresariales

Quien no haya jugado a las tiendas alguna que otra vez que levante la mano. El puestecillo callejero se instalaba sobre una vieja mesa abandonada que rescatábamos del cuarto trastero. En otras ocasiones desplegábamos sobre la acera de la calle una manta de apagada tonalidad que mi madre nos dejaba, y mostrábamos ordenadamente todos los artículos que se ofrecían a nuestra distinguida clientela: juguetes viejos, lápices de colores usados, un póster de Santillana, delantero del Real Madrid, llaveros de propaganda, un gran bizcocho casero cubierto de azúcar glacé, gentileza de la abuela de mi amigo Paco, un mádelman sin brazos, cosas así. Samuel nos había hablado de Jauja, aquel país paradisíaco donde todo abunda y nada falta, un territorio mítico muy frecuente en los cuentos de la memorable editorial Calleja. La economía es una ciencia que trata de los recursos escasos, pero en Jauja no se precisan economistas, ni se molestan en decidir qué producir, cómo producir y para quién producir, esas tres clásicas cuestiones que aparecen en los manuales al uso.

En la Rusia del siglo pasado, antes de la caída del muro de Berlín, los burócratas de la planificación aspiraban al conocimiento de los deseos y demandas de los consumidores. Los dirigentes comunistas determinaban la cantidad de producto y su precio final. ¿Cómo fijar el precio sin valernos de las ventajas que nos reporta el libre juego de la oferta y la demanda? Difícil respuesta. Los mercados, tal como nosotros los conocemos, no funcionaban en Rusia, ni en Polonia, ni en Rumanía, ni en Hungría, ni en muchos otros países situados detrás del Telón de acero. En China, tradicional exponente del comunismo, se realizan tímidos avances hacia la economía capitalista, pero los mercados aún siguen estando tremendamente regulados e interve-nidos por la autoridad pública, y en muchos casos, hasta prohibidos.

En nuestro particular negocio, Amanda, Paco y yo decidíamos de común acuerdo el precio de las cosas. Samuel descubrió el puestecillo callejero que habíamos instalado en la esquina, frente a la tienda.

—¡Me queréis arruinar! ¡La competencia enfrente de mis narices! —exclamaba el entrañable comerciante, medio en broma medio en serio.

Mi hermana se enfadó muchísimo cuando reconoció a una de sus apreciadas muñecas:

—Esto no está en venta, Javier. ¡Cómo te has atrevido a entrar en mi cuarto!

Paco intentaba calmar el iracundo temperamento de mi hermana, ofreciéndole una considerable rebaja, pero, evidentemente, esa no era la cuestión. La situación, lejos de ir apaciguándose, se complicaba por momentos.

—¡Ni rebajas ni leches! ¡Esa muñeca es mía, y no se vende! —gritaba Montse.

La ley de la oferta y la demanda determina un punto de equilibrio. Si el producto es escaso, los oferentes se aprovechan y elevan los precios, si el producto abunda, los precios caen. En la década de los setenta, el mundo no terminaba de salir de la crisis. Los países productores de petróleo habían reducido su producción. Menos barriles en el mercado significaba mayores precios para los carburantes. Mi padre hablaba de las nefastas consecuencias que tendrían los costes del petróleo en las economías occidentales, donde la dependencia energética era muy destacada.

Pero nuestra empresa callejera, a diferencia de otros indicadores macroeconómicos de «pésimo aspecto», como los calificaba mi padre, no fue del todo mal. Gracias a la buena disposición de los vecinos, que compraron con entusiasmo exagerado, diría yo, la crisis no nos afectó lo más mínimo. Finalmente vendimos todos los artículos, excepto la muñeca de Montse, que volvió a la repisa de su cuarto. La propiedad privada es sagrada, dijo mi hermana. Jamás olvidaría esas palabras.

Pero hubo otras aventuras empresariales, siempre de «escasa rentabilidad», todo sea dicho, como cuando mis amigos y yo nos dedicamos en cuerpo y alma a la recogida, transporte y venta de viejos electrodomésticos y chatarra recopilados en solares, ramblas y otros puntos del extrarradio; o aquel otro proyecto, *Cuentos y leyendas a medida*, una iniciativa de Amanda, de quién iba a ser si no. Redactábamos breves historias protagonizadas por gente del barrio, a la postre, futuros compradores de nuestros libros a medida. Amanda ideaba el argumento, Montse se encargaba de la producción (era la más rápida con la máquina de escribir y no se le daba mal el dibujo y el diseño) y yo me responsabilizaba de las tareas comerciales. El principal nicho de mercado se focalizaba en El Zapillo, aunque, a priori, no descartábamos la expansión del negocio hacia otros barrios de la ciudad. Proyectábamos abrir nuevas delegaciones comerciales (amigos del colegio que vivían en otras zonas) cuando un día, a raíz de mis habituales enfados con Amanda, se produjo el inevitable final de lo que llegó a ser nuestra primera «aventura editorial».

Aquellas tardes de verano

Si no nos vencía el sueño, después de la comida leíamos
tebeos y novelas de aventuras. Con el tiempo llegarían
otro tipo de libros, quizá menos desenfadados, pero no
por ello aburridos. Enriquecí mi vocabulario y alcancé un
mayor dominio de la gramática inglesa gracias a los *comics*
que Hellen me prestaba. Aquel verano me llevé algunos
ejemplares de *Donald Duck*. Reconozco que para muchos
de mi generación, las historietas de este personaje de Walt
Disney resultaban bastante antipáticas. Yo veía en ellas
algo más que las anécdotas de tres intrépidos y astutos
patitos. El archimillonario tío Gilito representaba el triunfo del capitalismo, concepto que por entonces no sabía
muy bien en qué consistía, ni qué ventajas (o inconvenientes) podría ofrecer, pero que, desde luego, intuía como
algo enormemente positivo. El hermano de Gilito, nada
que ver, por cierto, con Jesús Gil, el que llegara a ser alcalde de Marbella y presidente del Atlético de Madrid, y con
quien de forma más o menos tangencial coincidí en una
etapa posterior de mi vida (me referiré a ello en otro capítulo), el hermano de Gilito, les contaba, o sea, el Pato

Donald, era un auténtico desastre para el trabajo, los negocios y la economía en general. Fracasaba en todas las iniciativas que emprendía, y podría definirse como un genuino representante de los vagos sin suerte. Tras aquellos episodios se escondía buena parte del ideal de prosperidad americano. El afán de superación y el valor de la riqueza como fuente de creatividad inspiraban mis lecturas. Pongamos que yo era un joven muy diferente al resto. Cualquier libro que cayera en mis manos era objeto de un peculiar análisis, que trascendía mucho más allá de lo que otros muchachos de mi edad pudieran interpretar. Casi siempre obtenía una conclusión de naturaleza económica, más o menos definitiva, más o menos equivocada, más o menos cierta.

Así pues, nosotros con nuestras lecturas y mis padres, mientras tanto, descansando bajo los techos de la casa blanca de Carboneras, con esa placidez tan propia que caracteriza a las sobremesas de verano. Recuerdo en particular uno de los tebeos de Asterix que leía mi hermana. Se narraba la peripecia del ejército romano, empeñado en fundar una nueva ciudad en tierras galas. La dicotomía entre lo público y lo privado, discernir qué intervenciones, según la teoría de la hacienda pública, deben ser asumidas desde la autoridad gubernamental, y qué otras actividades recaen en la esfera privada, en las personas y las empresas, constituye uno de los principales temas de estudio de los economistas. La limpieza de las calles corresponde al Ayuntamiento, la limpieza del portal de mi edificio, a la comunidad de vecinos, la limpieza de mi casa es asunto de la familia. No siempre queda clara esa línea divisoria. La cobertura de las prestaciones sanitarias, la seguridad y el tráfico, la educación, la promoción de la cultura y el deporte, o las obras de infraestructura constituyen temas de política económica.

Muchos días, después de comer, cierro los ojos y siento la claridad de la playa de Carboneras, el murmullo de su oleaje, el ocre de sus montañas en la lejanía, y me duermo enseguida. En mis sueños, la economía es una palabra extraña que no forma parte del mundo, que se desvanece como si perteneciera a otro idioma y desconociera su significado. Sólo aparecen personajes de ficción, o a lo mejor son reales. En los sueños vespertinos estas diferencias apenas se perciben.

Un año después de las vacaciones, me encontré una carta en el buzón. Las galesas habían decidido volver a su país. Apenas esgrimían justificación por tan repentina marcha. Tan sólo unas sencillas palabras de cariño y reconocimiento hacia nuestra familia y, en especial, «a los mejores estudiantes del mundo». A lo largo de mi vida he tenido otras profesoras y he asistido a diferentes academias de inglés, pero jamás disfruté tanto como con los eficaces y entretenidos procedimientos pedagógicos de Hellen y Margaret, cuyos libros y comics, por cierto, descansan en mi biblioteca.

La literatura nunca
morirá

Conocí a JRR en Carboneras. Mi nombre es Julio Ramón Ribeyro, me dijo, estrechándome la mano con sinceridad. (Era la segunda vez que estrechaba la mano de un escritor). Trabajaba en París como agregado cultural de la embajada de Perú y había decidido pasar unos días de descanso en Almería. Supe de él por Manolo, el clásico *va-le-pa-ra-to-do* que se ocupaba del mantenimiento del hostal. Ha venido un escritor, creo que sudamericano, acertó a decir.

Julio Ramón era un hombre tranquilo, de mirada clara y con una expresión ausente o atormentada (o una combinación de ambas). Antes de llegar a Carboneras estuvo en Barcelona, donde se encontró con su editor. Me ha pagado algún dinero en concepto de *royalties* atrasados, me explicó sin disimular una sonrisa apagada que entonces no supe interpretar. Después, alguien, pudiera ser Juan Goytisolo, el novelista que describió con extremado realismo los *Campos de Níjar* y el barrio almeriense de *La Chanca*, le recomendó que visitara Carboneras. He llegado hasta aquí atraído por la luz y por el silencio, susurró en un tono tan imperceptible que el oleaje del mar se confundía con su voz, como si nadie, o mejor dicho, sólo el mar, entendiera sus palabras. Le pregunté por ese dilema en el que nos debatíamos muchos jóvenes estudiantes de bachillerato: ¿ciencias o letras? Le conté también que yo me consideraba una persona con una acentuada inclinación hacia los números, y en particular, decididamente interesado por la economía, aunque la literatura también me apasionaba. Hablamos de su obra y de su firme vocación de escritor. De forma torpe e inapropiada me disculpé, pues hasta entonces no había leído ninguno de sus libros, pero prometí buscarlos en la biblioteca nada más volver de vacaciones. Julio Ramón me devolvió una sonrisa que me pareció familiar, y tras la que sospeché (entonces sí) qué es lo que podría esconderse.

Me explicó que el arte de narrar tiene algo de números combinatorios. Verbigracia, las letras a, b y c se pueden combinar de la siguiente forma: abc, acb, bac, bca, cab, cba; pero si repetimos letras, podríamos obtener otras muchas combinaciones: aaa, aab, aba, bba, bbb, y así sucesivamente. La economía sería una especie de números combinatorios, siempre que los recursos disponibles permanecieran fijos. Pero la literatura dispone de infinitos recursos, factores productivos que, como los seres vivos, cambian, o sea, nacen, crecen, se reproducen y hasta mueren.

La literatura nunca morirá, dijo al fin Julio Ramón, mientras jugueteaba entre sus dedos con una piedrecita que había recogido de la orilla. «Las mejores palabras en el mejor orden, en eso consiste la poesía», decía Coleridge. Supongo que algo de matemáticas y números combinatorios debe de contener la literatura, ¿no creen?

JRR lanzó la piedra contra el mar, rebotando en el agua dos o quizás tres veces.

Los árboles de
decisión

No quería utilizar la típica hucha infantil de toda la vida, así que le pedí a mi padre que abriera una libreta de ahorro en mi nombre. Para realizar imposiciones sólo requería dos cosas: dinero y voluntad; pero para disponer del saldo, siendo yo por entonces menor de dieciocho años, necesitaba la firma de un mayor de edad autorizado. Desde luego, mi espíritu ahorrador era firme e inquebrantable, fomentado quizá por un instintivo, espontáneo (y pueril) deseo de rentabilizar la inversión, propio tal vez de mi inquieta naturaleza.

La oficina del banco, situada muy cerca de casa, la dirigía un primo lejano de mi madre, que me atendía personalmente cada vez que yo acudía a realizar mis depósitos o a formular cualquier tipo de consulta. El primo lejano tuvo un ascenso kafkiano, escuché decir una vez a mi padre. Un compañero que ejercía de apoderado en el banco donde trabajaba mi pariente, un tal K, había caído en desgracia como consecuencia de un proceso judicial un tanto extraño y jamás aclarado, lo que le llevó a una pérdida de confianza por parte de la alta dirección. Una mañana, mi madre presenció unos hechos que, a la postre, resultarían concluyentes para la suerte final de su primo. Unos clientes esperaban ser atendidos por el apoderado K, pero éste no les prestaba atención, se mostraba pensativo y ajeno a los asuntos del banco, y nada le importaban las horas que aquellos hombres tuvieron que aguardar sentados en la antesala de su despacho. Hartos e indignados por la inexcusable falta de consideración, los clientes fueron finalmente atendidos por el entonces director, quien, por supuesto, dio cumplida cuenta de la actitud de su subordinado a la alta dirección. Episodios como el descrito, que se sucederían en otras tantas ocasiones, mostraban a K como un empleado carente de la iniciativa y el interés que cualquier código empresarial bancario exige; por consiguiente, sus expectativas profesionales se precipitaron con celeridad. Una tarde, K recibió por escrito y con carácter irrevocable una escueta nota que decía: «Queda usted destituido como apoderado». La alta dirección era inflexible. El primo de mi madre aprovechó la coyuntura para escalar posiciones. Ahora ejercía ufano como nuevo director de la sucursal en el barrio de El Zapillo, mientras que K, relegado a cajero en otra oficina de la provincia, seguía batallando contra no me consta quién, en un pleito judicial de imprevisibles consecuencias. Hasta donde sé, el proceso aún sigue abierto.

Un banco, al igual que una caja de ahorros o una cooperativa de crédito, es un intermediario financiero. Se posiciona y actúa entre aquellos que necesitan lo que no tienen y aquellos a los que, sobrándole lo que sí tienen, deciden prestarlo al intermediario. Si colocamos cien euros en una cuenta, el banco será nuestro deudor, nos lo debe porque esa suma no le pertenece. El dinero es nuestro, pero lo dejamos prestado. En cualquier momento, el banco puede destinar los depósitos para otros fines. No goza de la propiedad, pero sí de su uso, y eso es lo que hace: el banco presta dinero a otros clientes que lo necesitan. También puede invertir en diversos activos, como las acciones de una empresa o la compra de inmuebles.

Al precio del dinero se le denomina interés o rendimiento. El dinero de hoy tiene un valor diferente al de mañana. El incremento del valor lo aprendí con las primeras nociones financieras que me enseñaron en las matemáticas de séptimo. La fórmula del «carrete» decía

$$i = c \, x \, r \, x \, t$$

donde i es el interés; c, el capital prestado; r, el rédito o tipo de interés; y t, el tiempo transcurrido.

Recordarán esa escena de la película *Mary Poppins*, cuando Jane y Michael visitan el banco donde trabaja su padre, curiosamente apellidado Bank, George Bank. Surge una discusión a causa de los peniques de los niños. El director del banco, el viejo señor Dawes, quiere disponer de esas monedas para abrir una cuenta corriente; los chicos, en cambio, desean gastarlas en comida para las palomas. La discusión genera una situación confusa que podríamos equiparar con lo que entendemos por pánico bancario. «El banco se niega a devolver el dinero», dice una señora que presencia la discusión. Se corre el rumor y muchos clientes, atemorizados ante esa incierta eventualidad, se apresuran a retirar sus fondos. El concepto de pánico bancario se presenta cuando los depositantes pierden la confianza en la entidad financiera.

Los bancos prestan más de lo que realmente tienen en la caja fuerte y en los sótanos acorazados del Banco Central. Ningún banco del mundo podría devolver inmediatamente todo el dinero que ha recabado de sus clientes. Las reservas constituyen una parte de la riqueza tangible de las entidades financieras, son activos líquidos que se multiplican a través de operaciones de préstamo, crédito o descuento de pagarés. Y todo ello gracias a que el funcionamiento de las economías actuales no precisa que circule TODO el dinero en efectivo para garantizar las transacciones. Nos valemos de apuntes contables, anotaciones en cuentas o libretas de ahorro. Por eso, la oferta monetaria de un país es mucho mayor que el valor de los billetes y monedas que realmente existen en circulación.

En la película *Qué bello es vivir*, del director Frank Capra, el protagonista, George Bailey, interpretado por el actor James Stewart, es dueño de una humilde caja de ahorros. También en este caso se produce un conato de pánico bancario, cuando algunos clientes desconfían de la capacidad de la entidad para devolver las sumas depositadas en sus cuentas y libretas de ahorro. Si la gente duda de la solvencia, perdidos estamos. Muchas personas colocan sus ahorros siendo conscientes de que la empresa del señor Bailey, una institución financiera hipotecaria, presta con el fin de construir viviendas por un importe superior al valor total de los billetes y monedas ingresados. Pero nadie piensa que de pronto todos los ahorradores vayan a querer disponer de su dinero. Eso nos llevaría a la quiebra y es lo que Bailey, con su buen hacer, evitó.

¿Quieren que les diga algo? Tengo para mí que el primo lejano de mi madre no me consideraba muy en serio cuando yo intentaba negociar la rentabilidad de mis ahorros.

—Sé que con esos billetes tu banco cobrará un porcentaje a quienes te pidan prestado —le decía en tono firme y casi amenazante, como si con esa acusación estuviera revelando algún secreto que el director intentaba ocultar—. Yo también quiero cobrar por lo que te presto. ¿Qué me ofreces?

Las entidades financieras son deudoras y también son acreedoras. Cuando recibo una carta de mi banco, leo muy atento el extracto y compruebo mi saldo acreedor, es decir, mi dinero (lo que les presto). Si el saldo es deudor, mal asunto; significa que he utilizado más dinero del que tengo (me han prestado), por lo que tendré que abonar intereses. Hubo una época en la que los prestamistas tenían muy mala fama. Su trabajo se consideraba pecado. (Hoy, muchos siguen gozando de esa mala prensa, pero, hasta donde yo alcanzo a saber, no suelen ser calificados como pecadores). De hecho, hoy en día, en países con tradición musulmana sigue siendo así, y los bancos suelen realizar verdaderos equilibrios semánticos para *camuflar* el concepto de interés bancario, imputando el coste de los préstamos a otro tipo de contraprestación. En el Corán, cobrar intereses está prohibido. En *El mercader de Venecia*, el judío Sirlock no quería que le retribuyeran en dinero, y exigía a su deudor un trozo de carne como pago de intereses. Con esta obra, Shakespeare representa en su máxima expresión el odio que gran parte de la población profesaba hacia los judíos. Muchos de los miembros de esta comunidad mostraban realmente una gran capacidad en el desarrollo de habilidades comerciales y financieras, como la historia y la literatura bien se han encargado de demostrar.

El dinero que reflejaba el saldo acreedor de aquella libreta de ahorro que abrí gracias a mi padre fue, tiempo después, traspasado a una cuenta corriente. Con los años derivaría en una cuenta de valores, donde al día de hoy cuento con acciones de las principales empresas del IBEX y un fondo de inversión, con activos procedentes de India, Malasia, Singapur y Corea.

Que mi padre me entregara una paga semanal, obligándome a administrar mis propios recursos, e iniciándome desde muy joven en la disciplina de los árboles de decisión, resultó ser muy importante para mí. ¿Los árboles de decisión?, se preguntarán. Sí... en resumidas cuentas, tener dinero se traduce en la adopción de dos importantes decisiones: qué parte destinamos al gasto y qué parte al ahorro. Son como árboles que van desplegando sus ramas, unas más grandes, otras no tanto, y hay que decidir.

La vida está repleta de árboles de decisión, no todos de naturaleza económica, gracias a Dios.

Amanda

Amanda pasaba largos veranos en la costa de Carboneras, muy cerca de Níjar, pueblo de donde procedía su familia materna. Siendo muy jóvenes, los abuelos de Amanda escaparon a Estados Unidos de América, evitando así la imposición de una boda con el notario de la comarca, veintitantos años mayor que la novia. La noche antes de la ceremonia, el verdadero pretendiente (porque la verdad y el amor han de ir siempre unidos), un muchacho estudiante de bachillerato, hijo de humildes jornaleros, rescató a su amada del mortal destino que parecía depararle el futuro, y bajo mutuo consentimiento, se prometieron fidelidad eterna. Al poco, partieron rumbo hacia una nueva vida. Se afincaron en Ohio, donde nació la madre de Amanda, una más que talentosa mujer, de profesión sus labores y con una decidida (pero entonces no resuelta) vocación de profesora de música. Se casó con un hábil y ambicioso economista que, tras deambular por diversas consultoras de Washington, acabó formando parte del equipo de trabajo de Paul Volcker, a la sazón director de la Reserva Federal (FED).

A mediados de los setenta, los abuelos maternos regresaron a Almería. Un pariente próximo que acababa de fallecer sin descendencia les dejo en herencia la casa de Carboneras y varios pisos y plazas de garaje en la capital. Abuelos, madre e hija solían coincidir con mi familia en Carboneras, donde mis padres acostumbraban a alquilar un apartamento; el padre de Amanda, en cambio, no solía aguantar más de dos semanas en Almería. El americano, como solían llamarlo, manifiestamente incómodo en aquel entorno veraniego, tan diferente a Washington, alegaba enseguida inexcusables problemas de agenda, o algún trabajo pendiente que debía presentar ante el Consejo de Dirección de la FED (presidido más tarde por Alan Greenspan, personaje con el que lograría mayor relevancia profesional) y se marchaba a su país, dejando solas a la madre y a la hija.

Un año, la madre de Amanda decidió no volver a Estados Unidos. Mi amiga nos lo contó de forma desenfadada, como si la noticia le causara más alegría que desdicha. Esa noche estábamos reunidos en la playa. Mi hermana tocaba la guitarra. Nos acompañaban infinitas estrellas que fogoneaban intermitentemente en el cielo, muchas con un brillo tan intenso que parecían alertarnos de algún augurio.

—¿De quién eres más amiga, de mi hermana o de mí? —le pregunté, al fin solos.

—Es diferente —contestó con expresión divertida—. ¿Te bañas?

—¿Ahora?

—¿Por qué no?

Se fueron a vivir a un edificio alto recién construido en el Paseo de Almería. A su madre no le fue difícil incorporarse como profesora de solfeo y piano en el recién abierto Conservatorio Elemental de Música y Danza. Amanda nos visitaba con frecuencia a nuestra casa de El Zapillo. Era una más de nuestra pandilla. A veces se quedaba a comer en casa, o en compañía de Hellen y Margaret, muy amigas de su madre y con las que, junto con otros compañeros del conservatorio, aficionados todos a la música clásica, fundaron la Asociación Santa Cecilia. El apoyo económico del primo de mi madre, que por entonces había abandonado el banco y ahora tenía un cargo importantísimo en la obra social de una caja de ahorros, sería decisivo.

Amanda era una joven no muy bella pero sí de singular atractivo, decididamente resuelta y con criterio. Me gustan las personas que tienen criterio, aunque cambien de vez en cuando. Yo, que soy un barco que navega en un mar de dudas, necesito aferrarme a los que tienen principios e ideas sólidas, y esa gente no siempre es fácil que se halle en tu camino. Me gustaba charlar en inglés con Amanda, sobre todo cuando nos enfadábamos, era en esos casos cuando mis progresos con el idioma se hacían más destacables.

¿Qué recuerdo de aquellos veranos? La compañía de mis amigos, la presencia de Amanda, un puñado de buenas canciones, conversaciones agradables, el mar, las noches en la playa, mis lecturas y el reloj que transcurría lento, lento, lento.

—*I've never kissed an American girl*—le dije una vez, y ella se rió.

—Estoy convencida de que esa misma frase, sin el *american*, también vale —contestó.

Antes de que me sonrojara, besó mis labios.

Faltaba muy poco para que amaneciera el día.

El periódico

La convocatoria quedó fijada para el viernes por la tarde en la sala de audiciones de la biblioteca. Como era de suponer, Amanda lideraba la reunión. Sepan que su carácter le habría impedido pasar desapercibida un solo minuto. En realidad, la idea de crear un periódico: el diseño, la cabecera, el formato, la distribución de contenidos y, cómo no, hasta el nombre, era de ella nada más. *Avance Radical* o *Todos Necesarios*, propuso. Tenemos que someterlo a votación, venga. Mayte Oyonarte se mostró contraria a esos dos títulos, pero no planteó otra alternativa, lo que, a mi modo de ver, deslegitimaba su frontal y se diría que desproporcionada oposición. Los demás, con mayor o menor entusiasmo, aceptamos finalmente el título de *Avance Radical*.

Bien es verdad que la *seño* Paqui nos introdujo en el negocio de los periódicos mostrándonos, a base de *pinceladas instructivas* («sólo unas pinceladas y ya seguís vosotros, chicos») las claves para su puesta en marcha. Pero muy pronto, la profesora de lengua y literatura comprobaría que su presencia no sólo era innecesaria, sino que podría hasta perturbar el buen ambiente y malograr los objetivos o «la línea editorial del rotativo», como afirmaba Amanda. La *seño* Paqui estuvo presente en la primera reunión, aunque no se pronunció sobre el nombre del periódico porque consideraba que aquella decisión nos correspondía en exclusiva. Nos dijo que siempre tendríamos su animado y alentador apoyo, mas el desarrollo de las primeras reuniones evidenció como innecesaria una mayor dedicación por su parte; y es que Amanda, nuestra queridísima directora, demostró en esta ocasión extraordinaria solvencia y gran capacidad de trabajo. La *seño* Paqui, en fin, fue una buena maestra, de esas que siempre recuerdas con agrado y nunca se estima lo suficiente. Hace poco me enteré de su fallecimiento y créanme que lo sentí. Lamentablemente, en los últimos años, mi relación con ella se había limitado a algún que otro saludo ocasional las veces que visitaba la ciudad de Almería. Siempre estará en mi memoria y en mi corazón.

Antolín Cuesta fue quien redactó las páginas deportivas del periódico. Tendría que haber añadido «como no podía ser de otra manera», pero detesto esa expresión, entre otras cosas, porque siempre puede ser de otra manera. Antolín era un tipo plomizo, forofo del fútbol hasta niveles desquiciantes. ¿De ahí se desprende que no tuviera interés por otros temas? Podría, quizá, pero el fútbol, y el deporte en general, parecía lo más apropiado para nuestro redactor. En el primer número incluíamos la clasificación de las competiciones escolares, algunos consejos nutricionales extraídos de revistas atrasadas y un cuestionario, *Sin trampa ni cartón,* en donde se daba cuenta de la visión más personal de un futbolista de la cantera almeriense: comida y bebida preferida (paella y cerveza), cualidad que prefiere en el hombre (sinceridad), cualidad que prefiere en la mujer (comprensión), hecho histórico (el nacimiento de Cristo), una película (*La guerra de la galaxias*), un libro (*Chacal*), o sea, preguntas (y respuestas) de ese tenor.

Marisol Amate escribió un artículo sobre la selectividad, incluyendo estadísticas interesantísimas y muy significativas sobre las calificaciones de los últimos años, e incorporando comentarios sobre experiencias narradas por antiguos alumnos del instituto. Marisol hizo un trabajo sobresaliente. Ya apuntaba maneras, como reconocería anticipadamente nuestra profesora de lengua y literatura. Estudió periodismo en Barcelona y hoy es jefa de los informativos de Telecinco o Antena 3, no sabría precisar, pero en una de esas cadenas, seguro.

Carlos de Juan, el más veterano de la redacción, era un muchacho de apariencia sombría, poco locuaz, de gestos parsimoniosos y trato distante. Rondaría los dieciocho años, pero aparentaba más edad. Repetía COU. Amanda le pidió que escribiera crítica literaria. Para el primer número se decantó por el inmortal Fernando Pessoa.

En esa edición yo escribí un artículo sobre las depuradoras de aguas residuales. Por aquel entonces existía una polémica en toda la ciudad, ya que el Ayuntamiento pretendía construir la nueva planta en una zona próxima a mi barrio, y muchísimos vecinos, convencidos de que la depuradora desprendería malos olores, se oponían al proyecto. En el reportaje incluí un plano de Almería con la distribución de todas las subestaciones de impulsión, colectores principales y ramales de alcantarillado, así como un dibujo simulado que me proporcionó el concejal de Servicios Urbanos (un tal Pedro Asensio) sobre lo que sería la nueva instalación. Muchos me felicitaron por lo bien que quedó el reportaje. Algún que otro envidioso llegó a insinuar que yo no era el autor, y que había sido una iniciativa propagandística de la empresa concesionaria, interesada en gestionar cuanto antes la nueva depuradora.

Amanda abordó temas de actualidad que giraban en torno a la vida del instituto. En dos páginas completas incluía noticias curiosas y algo frívolas, alternadas con inadecuados y anacrónicos alegatos en favor de las clases trabajadoras oprimidas, y contra los terratenientes y los capitalistas. Empleaba una terminología antigua y exagerada, fruto probable de sus lecturas sobre marxismo y revolución. *Avance Radical* sería, después de *Cuentos y leyendas a medida*, el segundo proyecto editorial de Amanda, aunque no el último, como luego veremos.

Le diría todo eso y mucho más

En la organización de un viaje de estudios resulta decisivo contar con un buen presupuesto, por eso, y de acuerdo con la información suministrada por la agencia de viajes, decidí anotar la previsión de gastos en una libreta; asimismo, realicé una estimación de los ingresos, operación ésta siempre más complicada, sin lugar a dudas. Al fin y al cabo, estimar supone apostar sobre un suceso futuro que no podemos aventurar con certeza. Todas las empresas, desde las más grandes hasta las más reducidas, elaboran (o deberían elaborar) un presupuesto porque la planificación es un asunto crucial para orientarnos con garantías de éxito en el mundo de los negocios. Sin perder nunca el horizonte, conviene trazar sobre el papel qué camino hemos de recorrer, esforzándonos en pronosticar los hechos del mañana. En *Casablanca*, la bella Ivonne pregunta: «¿Qué harás esta noche?», y Rick contesta: «No hago planes por anticipado». Curiosa definición de quien no planea su futuro y vive el presente, desencantado por un ayer cuyo lastre proviene de una gran frustración amorosa.

La profesora de química, con experiencia en la organización de viajes de estudios (sorprendida al comprobar la soltura con la que yo me desenvolvía en asuntos económicos), nos fue de gran ayuda. En el presupuesto del viaje anotábamos el cálculo de ingresos previstos por la venta de camisetas, la recaudación de lotería de navidad y las entradas de las fiestas, descontando en este caso un porcentaje que se llevaba el dueño de la discoteca. Ni con las camisetas ni con la lotería nos complicábamos mucho. La totalidad de lo recaudado se distribuía entre todos los integrantes de la asociación. Que consiguieran o no vender su cuota inicialmente asignada era su problema. La complejidad presupuestaria residía en calcular a priori qué recaudación podría alcanzarse en la discoteca. Había que tener en cuenta que los viernes se celebraban otras fiestas de instituto, y la competencia era muy reñida. En estos casos, se establecían tres hipótesis: la normal (se venden ciento cincuenta entradas), la optimista (doscientas entradas) y la pesimista (cien).

Mis presupuestos se extendían hasta el plano personal. Fue precisamente en una de esas fiestas pro viaje de estudios cuando decidí manifestarle mi amor a Amanda, la chica que había monopolizado mis pensamientos en los últimos años. Es cierto que en estos temas sentimentales no acostumbramos a elaborar presupuestos, mucho menos proyectar alternativas, pero ya saben que yo soy algo peculiar. Partidario de la opción optimista, en mi cabeza no cabía posibilidad de negativa o rechazo. Le expondría con toda honestidad que desde hacía tiempo la amaba. Nadie suele ser tan sincero con las chicas, pensaba. Amanda era la mujer de mis deseos, la que observaba a distancia, admirando sus movimientos, sus expresiones, sus gestos, su manera de hablar, sus excentricidades y, en definitiva, su actitud ante la vida, a veces radical, a veces sosegada, ese temperamento ciclotímico que pasa de la tormenta a la calma. No, no quería besos sin importancia; quería compromisos. Le diría todo eso y mucho más. Si mis amigos hubieran estado al tanto de cómo iba a declararme, se habrían reído, me habrían tildado de cursi. Hay emociones que no deben compartirse con nadie. Pero, por desgracia, no pasó lo que yo quería que pasara.

Amanda era mi gran amor. ¿Qué era el amor? ¡Vaya con la pregunta! Descubrí, eso sí, la decepción: sorprendes a la mujer que quieres de la mano de otro hombre, mucho más alto que tú (lo ves más alto de lo que en realidad es) sientes un desgarro en tu alma, un intenso e ilocalizable quebranto, una vista que se nubla por las lágrimas, un sutil mareo, un descontrol de voces ajenas que resuenan sin significado reconocible, una salida fulgurante de la discoteca, una marcha acelerada sin dirección conocida, una casa desconocida, unos padres que mueven los labios (deben de estar hablándote), una puerta que se cierra y un cuarto que encierra la amargura del fracaso y la decepción.

El amor... valgan estos versos de Lope de Vega:

> *olvidar el provecho,*
> *amar el daño,*
> *creer que el cielo en un infierno cabe,*
> *dar la vida y el alma a un desengaño.*
> *Esto es amor,*
> *quien lo probó lo sabe.*

Me alejé de los presupuestos, de los viajes de estudio, de las estimaciones. El amor me llevó a la alternativa del desamor, la más pesimista que jamás hubiera podido sospechar.

Aquella noche me sentí muy solo y lloré bajo la almohada.

El dinero erosiona
el alma

Mi padre nos abandonó poco antes de que yo cumpliera los dieciséis años. Dijo que se iba de casa porque las cosas se acababan, sin más. A veces las noticias no requieren muchos detalles, y creo que aquel era uno de esos momentos. Nos deja por una tiparraca que trabaja como administrativa en el club, me informaría Montse esa misma noche. Digamos que se llamaba Virginia, y por lo que contaban, era jovencísima, guapísima, divertidísima y descaradamente ignorante, entre otros atributos. Sospecho que se trataba de un típico caso de manual, sin más interés que el obtenido en efímeras e insustanciales aventuras, una nave espacial que llega, se posa sobre la tierra, encandila con su luz, asombra con sus movimientos y al poco tiempo emigra a otra galaxia. Después vendrían otras mujeres a las que nunca llegué a conocer del todo. Ninguna tuvo un papel destacado en mi vida, ninguna posee suficiente entidad como para dedicarle algún capítulo de este libro. Eran temas de mi padre y punto.

Por entonces, la AD Almería jugaba en la primera división. Mi padre desempeñaba un cargo de especial relevancia en la junta directiva. Sería así como conoció a la tal Virginia, supuse. Gracias a su cargo, mi padre aprendió rápidamente las claves de la compra-venta de futbolistas, un negocio que, según cuentan, resulta escandalosamente lucrativo. ¿Desde cuándo el lucro es un escándalo? Si un negocio se desenvuelve bajo esos inciertos principios a los que llamamos *buena fe,* si hay ausencia de abuso de poder, si nos movemos en un ámbito privado donde sólo rige la libre voluntad de las partes, ¿puede darse el lucro escandaloso? En cierta ocasión, el profesor de teoría económica habló de *pingües* beneficios y un compañero que se situaba en las primeras filas levantó la mano para preguntar qué clase de beneficios eran esos que adjetivaba como *pingües.* Sabía lo que eran los beneficios en competencia monopolística, en oligopolio, en competencia perfecta, pero beneficios *pingües,* como que le resultaba algo extraño.

La moral cristiana, e incluso un mínimo de ética en nuestro comportamiento, te llevan a pensar que es necesario vivir en un mundo justo, donde las desigualdades no sean tan abismales. Negocios insoportablemente lucrativos ahondan en las diferencias y sacan a la luz las paradojas de la vida: unos se recrean en el lujo y la ostentación, mientras que otros apenas llegan a cubrir sus necesidades básicas. Las cantidades que se manejan en las transacciones futboleras obedecen a las inapelables fuerzas del mercado, y posiblemente justifican, mejor dicho, desencadenan un efecto empresarial colateral que afecta positivamente a muchas personas, dicho así, en lenguaje económico. Pero la apropiación descomunal de fortunas en manos de jóvenes futbolistas es inaceptablemente elevada. ¿Es posible que se paguen cifras tan desorbitadas y luego los clubes mantengan deudas con la Hacienda Pública o la Seguridad Social? Sí, desgraciadamente es posible y sucede a menudo.

Volviendo a los hechos, observé un cambio significativo en la actitud de mi padre. Antes mostraba especial interés por el mundo de la empresa. Ya les conté que la agricultura intensiva y la incipiente industria auxiliar que se desarrollaba a pasos agigantados en Almería lo habían convertido en un verdadero y fructífero empresario. Ahora, con lo del fútbol, se centró obsesivamente en el dinero. No siempre se mantiene una relación directa y cierta entre dinero y empresa. El dinero, como fin absoluto, erosiona el alma.

Al principio, mi padre simultaneó el trapicheo de futbolistas con la gestión de una sociedad agraria en la que participaba con un mayoritario paquete de acciones. La empresa tenía su sede en El Ejido, pueblo del poniente almeriense que por aquellos tiempos crecía a un ritmo vertiginoso, gracias al cultivo y comercialización de hortalizas y flores.

Mi madre, herida de amor, sufrió un trastorno mental agudo que la llevó a permanecer, por propia voluntad, enclaustrada en su dormitorio durante meses. Estaba convencida de que mi padre había salido de viaje a Holanda, país donde mantenía contactos profesionales con una cadena de distribución. Pronto volverá, le decía a la tía Manuela, persona decisiva (gracias, tía, sé que me estás leyendo) en su recuperación. Mi madre ocupaba su tiempo en la improductiva tarea de tejer cabellos de muñecas. Serían de gran utilidad para el buen fin del próximo negocio de papá, afirmaba resuelta.

La estrategia

Si mi madre no se hubiera casado con mi padre, si hubiera aceptado las sucesivas proposiciones de matrimonio que en su juventud le hizo Trinidad L, yo no estaría aquí, escribiendo estas páginas. Sería otra persona. O sencillamente no sería. Una reflexión muy común nos lleva a pensar lo que habría sido de nuestras vidas si el tren en el que viajamos hubiera pasado de largo. Me encuentro en una estación, pasan trenes, unos paran y otros no. Me subo en uno de ellos y me conduce quién sabe dónde. Me bajo en otra estación y me siento en un banco, cerca de la cantina. Se oye el rumor de los clientes que comen, beben, hablan y ven la televisión. Veo pasar a otros viajeros. Se muestran animados, indolentes, inquietos, felices, apresurados, tristes, derrotados. Desde la plaza de la estación salen autobuses. Subo en uno que me llevará a un destino incierto. Todo es aleatorio y todo es definitivo. Todo es fruto de una providencia que dictamina Dios. Todo es también casual.

Trinidad L esperó a mi madre muchos años. Era un hombre paciente, perseverante y prudente, y vivía con la esperanza de poder ser correspondido por su gran amor. Cuando le llegaron las noticias del episodio protagonizado por la administrativa del club, tuvo la astucia de aguardar el momento propicio, sin precipitarse. Pero en sus cálculos no figuraba la adversa y terrible enajenación mental que padeció mi madre.

—Mi marido está de viaje por diversos países mediterráneos. Tejo cabellos que nos servirán para nuestro proyecto. Mi marido es un buen empresario. Serán alfombras de cabellos que venderemos a buen precio a mayoristas de Malta, Chipre y Libia —decía la pobre.

Las prescripciones del mejor psiquiatra de Almería (si no el mejor, sí el más caro) acabarían con esas disparatadas ocurrencias. Por fin, un buen día, la profunda tristeza, la desolación y la amargura del desamor escaparon por la ventana del cuarto en el que mi madre pasó encerrada tanto tiempo. La tristeza, la amargura y el desencanto no volverían jamás.

Trinidad L trazó una estrategia de acercamiento. Tenía una misión, un quehacer concreto y bien definido, conquistar a mi madre. También contaba con una visión, una interpretación particular de lo que sucedía, de las características, naturaleza del entorno y de cómo podría afrontar su cometido. Diseñó un plan que llevó a la práctica con astucia y meticulosidad. Las desviaciones que se producían en el proceso de ejecución las corregía sin desalentarse lo más mínimo. La conquista del amor era una batalla que afrontaba con decidido entusiasmo, como si estuviera inmerso en uno de sus habituales proyectos de empresa. Constancia y una flexible e inteligente adaptación a los cambios eran sus principios más firmes.

Cuando cumplió veinte años, Trinidad L heredó la compañía de autobuses de su padre. Como era previsible (así pronosticaban quienes bien le conocían), demostró desde el principio una notable habilidad comercial, logrando hacerse con algunas concesiones administrativas que le permitieron explotar, en régimen de monopolio, nuevas rutas en la provincia de Almería. Diversificó el negocio con la apertura de agencias de viaje, fijando una especial atención al colectivo de inmigrantes. Había una importante demanda potencial en ese sector de la población. Una de las claves de su éxito residía en los agentes comerciales. Reclutaba a ciudadanos marroquíes, rumanos, ecuatorianos y rusos que demostraran talento y cierto don de gentes, estableciendo así una red de contactos tremendamente eficaz. En poco tiempo, sus agencias de viaje fueron el referente de cualquier inmigrante que quisiera viajar de España a su país de origen, y ese negocio, francamente, deja bastante margen.

El sábado, un día después de la fiesta de viaje de estudios, telefoneé a la profesora de química. La conversación no duró más de un minuto. Le comenté que desde ese mismo momento me desentendía de la organización del viaje, que no me preguntara el porqué, que lo sentía mucho y que había pensado en Lucía F como sustituta para seguir con todos los trámites. El lunes acompañé a Lucía a la agencia de viajes. Allí estaba Trinidad. Me saludó con una cortesía distante y me dijo que me pasara por su despacho cuando quisiera.

—¿Para qué? —le pregunté con nada disimulada frialdad.

—Para charlar, simplemente —me contestó y dibujó una mueca parecida a una sonrisa cómplice, como surgida de un enigmático (pero improbable) pasado común y remoto.

Acudí a la cita con Trinidad esa misma tarde. Me ofreció tomar algo, pero rechacé su invitación, al igual que la posibilidad de bajar a una cafetería que se encontraba en los bajos de ese mismo edificio.

—Aquí estamos bien —le dije.

Se sentó a mi lado, en una de las sillas confidente. La mesa de despacho representaba una barrera demasiado hostil para una conversación de buenos amigos, justificó. Me contó cómo había conocido a mi madre, cómo ella lo había rechazado desde siempre, cómo lo había tratado a lo largo de esos años, a veces con desdén, sin ocultar desplantes que rozaban la crueldad, sobre todo para una persona como él, que sentía una intensa y especial atracción, eso que dicen enamoramiento, confesó con brillo en los ojos, mirando a un punto fijo, enfrentado a sus recuerdos.

En sus palabras no se percibía ni un ápice de resentimiento o amargura, sino todo lo contrario, entusiasmo y satisfacción, como si el relato de las adversidades que atravesó en esa fallida relación inicial con mi madre contribuyera a magnificar un presente que presumía esperanzador. El amor no correspondido puede ser muy amargo, porque los hechos se amplifican a los ojos de quien sufre el oprobio, pero no para Trinidad L; para él, desánimo o frustración son palabras que nada significan.

—Te entristeces, sí, porque pasan los años sin compartir tu vida con la persona amada, pero albergas la esperanza de alcanzar algún día tu objetivo, y eso te mantiene despierto —y sensiblemente emocionado, añadió—: Desde muy joven aprendí a conjugar el verbo esperar.

Cambió bruscamente el giro de la conversación y me preguntó por qué había abandonado la organización del viaje de estudios. En un arranque de sinceridad, nada meditado ante quien hasta hacía unos minutos era un auténtico desconocido (un factor extraño que se introduce en la vida de mi familia, así lo veía yo), le hablé de Amanda. Cuando acabé de contarle el episodio de la discoteca, se levantó de la silla, me estrechó la mano y se despidió con un sencillo «nos veremos», dejándome solo en aquel despacho. De pronto, todo me pareció familiar. Supe entonces que Trinidad L era un hombre inteligente y honesto, y que mi madre, irremisiblemente, llegaría a ser feliz con él.

Keynesianos y
monetaristas

Aquello era una especie de tubo poblado por cien, doscientos, trescientos alumnos, por lo menos. Media hora antes, los estudiantes más disciplinados llegaban a clase y dejaban sus carpetas sobre los brazos-pala de las sillas más próximas a la pizarra. El primer día acudí con extremada precaución, atento a las novatadas, las bromas pesadísimas que, según decían, gastaban los alumnos de cursos superiores. La clase era de matemáticas. La profesora parecía tan joven que se dudaba de que fuera profesora. Primera lección, en la universidad, la línea de edad que separa al profesor del estudiante no está muy clara, es más, con frecuencia es imperceptible. Existe una *camaradería* muy especial entre algunos profesores con sus alumnos, algo impensable en el instituto, menos aun en el colegio. Salí de clase sin terminar de despejar del todo mis dudas. ¿Era profesora o era una estudiante bromista de quinto curso?

El viernes por la noche coincidí con esa misma profesora en un bar de copas. Bebía vermú con coca-cola y bailaba frenéticamente un tema de Farmacia de Guardia (*toda-*

vía no lo puedo entender, no sé bien como pasó, los periódicos no me han dado la suficiente información. Hoy te he visto por televisión, se quejaron de tu educación, mis viejos me miraron con cara de preocupación. Sí, sí, sí... voy a teñir mi pelo y te recordaré en mi cazadora de cuero). Yo había alternado con profesores de instituto en todo tipo de celebraciones, excursiones y hasta discotecas. Los había visto bailar, pero se notaba a mil leguas que eran profesores. En la universidad no apreciaba diferencias notables.

Éramos estudiantes de económicas acosados por un keynesianismo vulgar que todo lo simplificaba hasta alcanzar niveles casi grotescos. ¿Acaso teníamos que decantarnos por uno u otro bando? Los keynesianos eran de izquierdas porque creían que el gasto público puede corregir los desequilibrios y, mayormente, porque sus recetas anticíclicas ayudarían a salir de la crisis y volver hacia la senda del pleno empleo. Los monetaristas, con Milton Friedman a la cabeza, sostenían que el sector público debía actuar lo mínimo, porque su protagonismo desincentivaría la inversión privada (mucho más rentable) y porque el déficit de los gobiernos generaría inflación y cargas económicas que habrían de soportar las generaciones futuras. Tenía un profesor que militaba en Comisiones Obreras, un sindicato de clase de corte marxista con amplia representación en muchas empresas y administraciones públicas de mi país. Cada vez que trazaba líneas sobre la pizarra y representaba incrementos de demanda agregada originados por un mayor gasto público, parecía el hombre más feliz del universo. El efecto multiplicador sólo parecía tener consecuencias beneficiosas. Una decisión política tan simple como la construcción de una autopista o la mejora de la asistencia sanitaria de los hospitales públicos, aparte de incidir en el bien común, era la solución a todos los males económicos.

—Entonces, si esto es así, ¿por qué no lo basamos todo en incrementos de gasto público? ¿Hay algún límite? —le pregunté un día, al terminar la clase.

—Ahora tengo una cita, hablaremos de ello en otro momento.

Todavía estoy esperando... Seguro que sus explicaciones ocultaban alguna trampa. Explicar la teoría económica desde postulados simplistas era un ejercicio deshonesto, impropio de todo buen profesional. Necesitaba evaluar los efectos de tales medidas en el largo plazo. La economía pública, a fin de cuentas, se nutre de los recursos de la economía privada. Sólo si la productividad en el sector público es mayor que en el sector privado podríamos esperar margen para el efecto multiplicador. El profesor de Comisiones Obreras insistía en hablarnos de los fallos del mercado. Los fallos del mercado, como si el sector público no cometiera errores. El sector público se caracteriza por fallos tan destacables o más que los atribuidos al tan denostado mercado. O sea que ni blanco ni negro. El profesor aplicaba técnicas retóricas muy sutiles para justificar la intervención del Leviatán, ese monstruo al que todos confiamos nuestro bienestar. Algunos compañeros caían en la tentación de alinearse a favor de una u otra escuela de pensamiento, como si todo se redujera al lenguaje binario de los ceros y los unos. Pero la mayoría de los estudiantes, concentrados en asegurar cuanto antes un sencillo aprobado, no se salían del guión que marcaban los apuntes de clase. ¿Para qué interesarse o *entretenerse* en otros terrenos intelectuales? No valía la pena soportar más molestias de las necesarias. La pragmática ley del mínimo esfuerzo imperaba en aquellas clases de economía de las que aprendí, sobre todo, a no fiarme de las apariencias, ni a adoptar juicios de valor apresurados.

Precio amigo

Mi madre era partidaria de que me alojara en una residencia universitaria. Pensaba que así estaría mejor atendido. Te despreocupas de las comidas, la limpieza, la lavandería y, sobre todo, vives en un ambiente heterogéneo formado por estudiantes de distintas procedencias y carreras, lo que hace más atractiva y provechosa la convivencia en Murcia, lejos de casa, sostenía. Sí y no. Tienes la oportunidad, bien es verdad, de estrechar lazos de amistad con gente interesante y en un momento dado se llega a fomentar el estudio, el esfuerzo, la constancia y la disciplina que la vida de estudiante a veces requiere. Muchos compañeros pueden hasta servirte de ayuda para superar las asignaturas más difíciles. Ese sería el escenario óptimo. Pero en una residencia universitaria encuentras a personajes poco deseables, sujetos a los que conviene mantener lejos de tu camino, máxime cuando uno es vulnerable a los vientos de la frivolidad y la irresponsabilidad, cuando uno, en fin, es joven, tiene dieciocho años y vive en la antesala de la madurez.

Conocí a crápulas que salían de copas todas las noches y de cañas buena parte de los días. Volvían hundidos en

borracheras casi terminales cuando la madrugada filtraba
sus primeros rayos de luz por las rendijas de las ventanas.
Los que despertábamos coincidíamos con frecuencia con
los que llegaban. Les llamábamos los *pájaros*. Apenas asistían a clase, quizá de vez en cuando, para buscar al provisor de los apuntes, en un ejercicio de autoengaño, pues
resulta altamente improbable obtener un aprobado cuando uno le dedica poco tiempo a la práctica del estudio.
Los *pájaros* dilapidaban el dinero de papá en disparatadas
jornadas de póquer y mus, sumergidos en nubes de tabaco y trasiegos de güisqui. A veces se organizaban fiestas,
casi siempre improvisadas, con final incierto y caótico. A
estos eventos siempre asistían las perlas más conspicuas
de la comunidad: los *pajarracos*.

En la residencia coincidías también con el prototipo de
violento, individuos adictos a las broncas, al puñetazo, a
las voces desgarradas y grotescas, gente de un espíritu agre-
sivo, sobre todo cuando el alcohol fluía por la sangre de
sus venas en caída libre. En no pocas ocasiones, estos personajes protagonizaban peleas callejeras, coincidiendo con
otros majaras de naturaleza análoga, repartiendo mampo-
rros con porteros de discoteca, esos personajes tan poco
adictos a los preámbulos y a la negociación verbal.

Aprovecharé para contarles el clásico ejemplo de teoría económica en el que sólo existe un comprador y un
vendedor, y donde el equilibrio se logra gracias a cierto
poder del demandante, dadas las necesidades acuciantes
del oferente. Verán, en la residencia universitaria conocí
a un tipo muy extraño, un compañero de cuarto que al
poco de iniciarse las clases decidió marcharse a Barcelona,
a vivir experiencias, me explicó. Su abuela, de la que decía
que «está bastante más ida que un camello», le mandó

unas ochenta mil pesetas por el día de su cumpleaños. No debió de ser bastante para el viaje que se proponía emprender, ya que enseguida puso en venta su bien más preciado: un ordenador *Spectrum*. Su primera oferta ascendía a treinta mil pesetas. Ante mi evidente desinterés, fue bajando las propuestas una y otra vez. Finalmente terminé adquiriendo el aparato de marras por sólo tres mil, muy por debajo de su coste, más por quitarme de encima al sujeto que por razones de utilidad. «Te lo llevas a precio amigo», sentenció.

Rubén, mi siguiente compañero de cuarto, fue posiblemente la persona más destacable y original de aquellos años. Afortunadamente, ni pertenecía al club de los borrachos, ni al de los violentos. Tampoco era un *pájaro*. Tres años mayor que yo, Rubén estudiaba filosofía y trabajaba esporádicamente como camarero, no por necesidad, sino para conocer la fauna, solía decir. Era un auténtico antropólogo del ambiente universitario. Sus padres, unos prósperos comerciantes con los que apenas se hablaba, regentaban diversos autoservicios y perfumerías en Cieza y alrededores.

—¿Conoces a Ayn Rand? —me preguntó una tarde, tumbado en su cama, fumándose un cigarrillo y con los pies en alto, realizando ejercicios de bicicleta.

—No creo que sea buena idea simultanear el ejercicio físico y el tabaco —le contesté, sin abrigar esperanza de que mi observación modificará su comportamiento.

—¿Sabes dónde está el éxito? —siguió diciendo—. La clave del éxito reside en el interés individual de cada cual.

—Conozco a Adam Smith y su teoría sobre la mano invisible —le repliqué, convencido de saber adónde quería llegar.

—No, Ayn Rand va mucho más allá de esa idea sobre la mano invisible. Smith no deja de tener su coherencia y me parece una teoría apropiada para articular un sistema económico justo, o si no justo, menos injusto que el postulado por socialistas, comunistas, fabianos y demás representantes de las escuelas colectivistas. Rand se orienta hacia una actitud más extrema. Desconfía de quienes dicen actuar en nombre del interés general, Javier, ¿ok?

—Ok. Reflexionaré sobre ello.

—No es un consejo, sino una sugerencia. ¿Ok?

—Una sugerencia. Ok.

Así era Rubén. En cuanto a Ayn Rand, había nacido en San Petersburgo, pero muy joven desembarcó en Estados Unidos, huyendo del comunismo ruso, odiaba la revolución bolchevique, sus consecuencias, la implantación de regímenes prosoviéticos, el triunfo del Estado frente a las personas. Rand cultivó una filosofía original y propia, forjando un legado intelectual que marcaría profundamente el devenir de los libertarios.

—¿Tú eres libertario? —le pregunté a Rubén.

—Quién sabe lo que yo soy —me contestó.

Abandonó la cama, apagó el cigarrillo y empezó a ejercitar abdominales desde el suelo.

Una compañía
equilibrada

Ce vivía detrás del edificio de Correos y Telégrafos. Habíamos quedado para pasear por la ciudad, tomar un café y charlar un rato. Estoy encerrada en mi cuarto, las compañeras de piso son tan previsibles, me dijo. Ce era una de esas personas que tienen muy claro qué van a hacer con su futuro profesional. Estudiaba segundo de derecho y ya planeaba preparar oposiciones para Hacienda. Soñaba con trabajar como inspectora durante unos años, y luego, con la experiencia adquirida en la Agencia Tributaria, solicitaría una excedencia y se dedicaría al asesoramiento privado, actividad que le iba a reportar mayores rendimientos, solía argumentar. Compartíamos el interés por la lectura, y aunque también sentía curiosidad por el mundo de la economía, sus nociones eran bastante elementales, lo que no restaba intensidad a nuestras charlas, en las que yo, fiel a mi costumbre, intentaba entreverar temas relacionados con la literatura y el cine.

Anduvimos por la ribera del río. Las aguas bajaban contaminadas. La industria conservera de la vega del Segura y la irresponsabilidad de la administración constituían las principales causas de lo que podríamos catalogar como un clásico ejemplo de externalidad. La polución es un perjuicio que afecta a toda una colectividad y se origina a partir de una actividad productiva que se desenvuelve libremente, sin control alguno. En teoría económica se conoce como *fallo del mercado*. Para preservar el medioambiente y garantizar la calidad de vida de todos los ciudadanos, se justifica la intervención de la autoridad gubernamental: un agente revestido de poder que ordene, regule, sancione o grave las prácticas contaminantes, tan perniciosas para el bienestar general. De eso hablaba con Ce, quien parecía mostrar bastante interés hacia uno de mis temas de conversación preferido. Ella sabía escuchar muy bien, una cualidad que no está al alcance de todo el mundo. Si me hicieran una entrevista del tipo *Sin trampa ni cartón*, diría que la cualidad que prefiero en una mujer es la de saber escuchar. Pienso que quedaría muy bien.

—Lo que cuentas me recuerda esos desoladores paisajes urbanos de Dickens, y en particular, la ciudad de Coketown, donde se desarrolla *Tiempos difíciles*, ¿conoces esa novela? —dijo Ce.

—No la he leído, pero la apuntaré en mi libreta de libros pendientes —contesté.

Nos adentramos por el entramado de calles situadas alrededor del Ayuntamiento, entonces apareció la imponente y soberbia catedral de Murcia. Su majestuosa presencia representaba una de esas imágenes sobrecogedoras que no dejan de causar asombro, una sensación de agradable armonía generada por la sencilla combinación de arte y arquitectura urbana.

—La catedral despierta en mí unos instintos liberadores, casi místicos, ciertamente extraños —le confesé.

—A ver si resulta que ahora tienes alma de poeta —me replicó en tono de burla.

Nos sentamos frente al pórtico principal y estuvimos un buen rato sin dirigirnos la palabra, contemplando la belleza de sus formas arquitectónicas, el contraste de la piedra con el azul del cielo, sus columnas estriadas, el orden geométrico de los espacios, la alternancia de luces y sombras. Con Ce, los silencios no resultaban embarazosos ni incómodos, no había necesidad de buscar temas de conversación para acercar las distancias. Luego recorrimos la calle Platería, donde era muy frecuente encontrar tiendas de ropa, y la calle Trapería, con sus joyerías y bancos. El mundo al revés. Una cafetería con mesas y sillas situadas en perfecta alineación nos aguardaba en la Plaza de Santo Domingo. Pasamos el resto de la tarde en compañía de las palomas, que revoloteaban a nuestro alrededor. Ce hablaba de las asignaturas de su carrera, la flemática actitud de algunos profesores y esos compañeros de clase que siempre estaban formulando preguntas cuya respuesta no entraba en el examen. Su voz era suave, clara y cadenciosa, la dicción era perfecta y se expresaba con un lenguaje preciso y sencillo, sin estridencias. Me sentía muy cómodo con su equilibrada compañía.

De fondo se oía el trinar de los pájaros, parapetados entre las copas de inmensos y frondosos árboles, aquella tarde, en la ciudad de Murcia.

Clases particulares

Para hacerme con algunas pesetas extras decidí impartir clases particulares de economía política. Mis alumnos procedían de Derecho. Desconozco si en Murcia esta asignatura entrañaba más o menos dificultad que en otras universidades de España, pero el caso es que al poco de colocar mis referencias en el tablón de anuncios de la facultad, se presentaron un nada despreciable número de candidatos. Mi primera experiencia docente fue con una chica de Lorca que terminaba quinto curso y aún arrastraba la dichosa asignatura de segundo. Su padre era un médico de cierta solvencia y desahogada posición, absolutamente ajeno y despreocupado por la evolución académica de su hija, Verónica, bastante vaga, temiblemente entretenida e ideal para la fiesta y la parranda; muchos jueves, después de las clases, salíamos de copas.

Verónica era una verdadera entusiasta del chocolate. Esta circunstancia me indujo a exponer la teoría de la utilidad marginal mediante el ejemplo de los bombones. La satisfacción que te reporta el primer bombón es menor que la obtenida por el segundo, y así hasta que la tendencia se invierte. «Puedes llegar a aborrecer los dichosos bombones, e incluso vomitarlos», le argumentaba. Es curioso, pero cuando estudiaba el bachillerato escribí un artículo en el periódico del instituto que se aproximaba, aunque vagamente, a los fundamentos del marginalismo y la imposición fiscal progresiva. Han de saber que un impuesto es progresivo cuando se recauda proporcionalmente más a medida que tus ingresos crecen. Las personas que se sitúan en niveles mínimos de renta no están obligados a presentar su declaración fiscal, mientras que quienes más ganan son *agraciados* con un porcentaje, tipo impositivo o gravamen cada vez mayor. Cuando José María Aznar dejó la presidencia del Gobierno, y decidió dedicarse a los libros, a las conferencias y a aprender inglés, constituyó una sociedad mercantil bautizada con el poco atractivo acrónimo de *Fazmatella*. ¿Alguna justificación? Es evidente que sus ganancias, contabilizadas a nombre de la sociedad (persona jurídica), tributan con un gravamen menor que si declarara todos los ingresos directamente a través de la propia persona física. Es más, en estos casos existe la posibilidad de recuperar el IVA soportado de las facturas y deducir determinados gastos relacionados con la actividad profesional, lo que supone una menor presión fiscal. O sea, Aznar es consecuente con lo que desea o piensa la inmensa mayoría de la gente: pagar a Hacienda lo menos posible.

A qué viene esto, se preguntarán. La progresividad de los impuestos tiene algo que ver con la utilidad marginal y los conceptos de sacrificio fiscal. Si la utilidad marginal de la renta es decreciente y queremos igualar la proporción de sacrificio que cada sujeto debe realizar, es preciso que los tramos de renta altos soporten un porcentaje mayor. Esa es la parte teórica. Luego uno aprende que en la vida, son los que más tienen quienes más fácil logran evadir impuestos.

En cuanto a la teoría de los rendimientos decrecientes, resultaba bien fácil de explicar, sobre todo para aquellas estudiantes que provenían del medio rural, y sabían qué pasaba con la producción agrícola cuando se cultivaba sin descanso sobre una misma superficie, un año tras otro.

Un economista se enfrenta al problema de la escasez, porque, como ya he comentado, si viviéramos en la abundancia, ¿qué cuestión económica tendríamos que resolver? Ninguna. En uno de los pasajes más célebres de las Sagradas Escrituras, se cuenta que Jesucristo y su madre, la Virgen María, fueron invitados a una boda que se celebraba en la aldea de Caná. Durante la celebración se agotó la bebida. Los anfitriones tuvieron que enfrentarse a un problema de intendencia de difícil resolución, pero gracias al milagro del Señor, se convirtió el agua en vino y quedaron saciados los invitados. ¿Dónde está aquí el problema económico? Les recuerdo que en economía los milagros no existen.

Robinson Crusoe, el protagonista de la novela de Daniel Defoe, sí que se enfrentaba a un problema de escasez. Nada más naufragar y recalar en una isla desierta, fabricó una balsa e intentó apresuradamente recuperar de su barco, encallado en el mar, el mayor número de víveres, aperos de caza y herramientas que pudieran serle útiles. Crusoe vivía en un hábitat en el que no existía el intercambio. Él sólo producía, asignaba y distribuía recursos económicos. Algo similar a lo que vivió Ana Frank en su refugio, escondida de los nazis:

A partir de mañana no tendremos un gramo de grasa, ni de manteca, ni de margarina. El desayuno ya no con-

siste en papas fritas (para economizar el pan) sino en
avena con leche. Y hoy se preparan, para la cena, papas
y coles rizadas del tonel de conserva cuyo olor exige la
protección de mi pañuelo.

—Pero los casos de Robinson Crusoe y Ana Frank no representan el problema social de la economía —le dije a Verónica, en una de mis primeras clases—. Tratamos una disciplina de naturaleza social, porque vivimos en comunidad, en pueblos y ciudades, y nuestra convivencia requiere intercambios. Bajo esas circunstancias se desenvuelve el verdadero trabajo de los economistas.

La mayoría de alumnos de mis clases particulares eran chicas. Rechazaba a los estudiantes argumentando siempre alguna excusa. Cuando la demanda es superior a la oferta, y se tienen limitaciones temporales (o no sentimos esa imperiosa necesidad de trabajar más de lo necesario), uno puede permitirse esta clase de *discriminación*.

Libertarios de los
últimos días

No más de diez personas estimo que asistirían al Primer Congreso de Estudiantes Libertarios, celebrado en Murcia a finales de los ochenta.

—Es una primera toma de contacto —comentó Rubén, promotor de la idea, mientras contabilizaba la reducida asistencia de público cosechada en un acontecimiento del que se esperaba una mayor acogida—. No hay que venirse abajo, esto es cuestión de tiempo.

Mi compañero de residencia, eufórico en su papel de defensor de los postulados radicales de Ayn Rand, lideraba un movimiento que, como dijo Fran (un estudiante de químicas que había asistido acompañado de su espectacular novia, cuya boca no abrió, por cierto), estaba llamado a derribar los cimientos del Estado del bienestar, pesebre de mangantes, parásitos y golfos.

Asistí a la convocatoria en calidad de invitado, al igual que la novia de Fran. Todos los demás ostentaban la categoría de socio-fundador. No quise involucrarme más directamente en el proyecto, y así se lo manifesté a Rubén, porque aún no tenía muy claros los principios básicos del movimiento. Necesitaba reflexionar. Cuando llegué al congreso, las primeras intervenciones ya se habían iniciado. Rubén, indiscutible líder del movimiento *Libertarios de los últimos días* (denominación aprobada unánimemente por los socios-fundadores) y último orador en intervenir, hacía también las veces de anfitrión. Me recibió en la puerta con elocuentes muestras de agrado y simpatía. Vestía una llamativa cazadora de piel de serpiente «como símbolo de su individualidad y de su fe en la libertad personal», había afirmado.

—Te comprendo —me dijo, poniendo su brazo sobre mi hombro, y llevándome a un apartado de la sala, como si tuviera que hacerme una de las confidencias más importantes de su vida—. Respeto tu decisión. Tómate el tiempo que necesites. —Y con la mirada fija en un punto inexistente, con gesto sincero y claro, muy concentrado, añadió—: Quiero que sepas que tú, Javier, siempre serás bienvenido. Eres una persona íntegra y esta rebelión se nutre de personas íntegras, no lo olvides, ¿ok?

Rubén me acompañó hasta las primeras filas. Menuda sorpresa, allí estaba Amanda, de quien apenas había tenido noticias desde hacía bastante tiempo. En la vida se producen ciclos, unas personas van entrando, otras van saliendo, unas vuelven, otras se van para siempre. En realidad, Amanda nunca se había alejado de mi mente, que es otra forma de estar, sin duda. Sabía que estudiaba Bellas Artes en Valencia, y que su madre se había marchado a Madrid, donde vivía con un empresario dueño de una prestigiosa agencia de publicidad. No podía sospechar que Amanda formara parte de ese insólito grupúsculo de liberales.

—Ya ves, he reflexionado mucho sobre el papel que ejerce la autoridad en este mundo en el que nos ha tocado vivir.

Estaba espléndida y radiante, la expresión de su cara se le iluminaba al hablar, creo que se alegró sinceramente de volver a encontrarse conmigo.

—Conocí a Oscar —hizo un levísimo movimiento con la cabeza, dirigiéndose a un tipo desgarbado que en ese instante reclamaba frenéticamente una rebelión fiscal—. Él fue quien me introdujo en estos temas tan apasionantes —dijo con una entonación que me resultó frívola—. ¿Tú también eres libertario? ¿Cómo estás?

—Bien —contesté, olvidando la primera pregunta.

Durante el transcurso del acto mantuve casi toda mi atención en Amanda, sentada justo delante. Intentaba imaginarla en ese momento, pero a mi memoria llegaban fugaces recuerdos del pasado, cuando todos éramos algo más jóvenes, aunque no mucho menos ingenuos.

Los asistentes debatían dos corrientes ideológicas, la radical follonera, como la había calificado Fran, que proponía acudir a un acto organizado al día siguiente por el PSOE de la Región de Murcia, y al que asistiría Alfonso Guerra; y una segunda corriente moderada, que sostenía la necesidad de mejorar la estrategia de comunicación (revistas, espacios radiofónicos en emisoras alternativas, charlas en cafeterías) antes de pasar a la acción.

Por aquel tiempo, el PSOE se hallaba inmerso en bochornosos escándalos de corrupción que habían salpicado a instituciones como el Banco de España, el Boletín Oficial del Estado o la Cruz Roja. El hermano del vicepresidente, un tal Juan Guerra, había aprovechado su influencia para enriquecerse gracias a la información privilegiada que obtuvo en procedimientos de expropiación de terrenos. Los negocietes llegaron a fraguarse en un despacho de la Delegación del Gobierno de Andalucía, en Sevilla. La gran

mayoría de los medios de comunicación no dejaban de
divulgar sucesos que enturbiaban la vida política y ero-
sionaban, y de qué manera, la credibilidad del proyecto
socialista, al tiempo que contribuían a fomentar el avance del principal partido de la oposición. Las consecuencias de esta coyuntura se reflejaban en la intensidad y fra-
gor de las proclamas de *Los libertarios de los últimos días,*
aunque en realidad, no se traducía en un verdadero incremento del número de seguidores, como anhelaba el propio Rubén.

Me despedí de Amanda con un «hasta la vista». No sabría
nada de ella hasta la mitad de los noventa, cuando el PSOE
ya había perdido las elecciones y ella entró a colaborar
en la agencia de publicidad de su padrastro. Después se
dedicaría a la política y, finalmente, emprendería un negocio editorial del que en su momento daré oportuna información.

Una decisión muy provechosa

El profesor de contabilidad nos aseguró que los conocimientos que íbamos a adquirir a partir de ese día nos serían, en principio, muy útiles («más que ninguna otra asignatura de la carrera») para ganarnos la vida. ¡Cuánta razón llevaba! No es que la econometría, la estructura económica mundial o el análisis matemático carecieran de utilidad, pero el nivel en el que nos desenvolvíamos con las primeras nociones de contabilidad era extraordinariamente práctico, frente a la concepción teórica de otras asignaturas, necesarias (y esto es incuestionable) por otra parte.

Abandoné mis clases particulares de economía política con estudiantes de Derecho, y me dediqué a colaborar, dos o tres veces por semana, con la empresa de Manuel S, un tipo hosco, vulgar, antipático, cicatero, ¿qué más puedo decir? Su principal negocio se centraba en el mercado inmobiliario. Manuel S era propietario de locales comerciales, plazas de garaje y viviendas. Inició sus primeras incursiones en la promoción justo cuando empecé a trabajar con él. Se había asociado con otros dos sujetos poco fiables, para mi gusto. Uno de ellos estaba bien relacionado con las altas esferas del área de urbanismo, lo que supone ciertas garantías para alcanzar el éxito en el sector; eso todo el mundo lo sabe. Más que información privilegiada, lo que realmente obtenían de aquellos contactos era un buen trato de favor a la hora de resolver los expedientes administrativos, y cierta laxitud en la supervisión de los proyectos de obra. Los trazos que delimitan el suelo y las denominaciones que definen los usos pueden ser ambiguos. En el mundo de los negocios y el enriquecimiento fácil, el urbanismo y la ambigüedad son dos conceptos que casan bien, como llegaría a comprobar años más tarde.

Mi trabajo de contable consistía básicamente en apuntar hechos. Era cuestión de organizarse. Todos los hechos tienen un valor numérico. La nómina de los trabajadores, con el detalle de los nombres y apellidos, categoría profesional, importe a transferir, retenciones de impuestos, cotizaciones sociales: letras y números que tienen su reflejo en forma de apunte contable. También me dedicaba a mover y almacenar papeles, papeles en forma de facturas y albaranes, ofertas de suministradores, presupuestos de contratistas, extractos bancarios, recibos de luz y agua, vales de gasolina. Los papeles se clasificaban y se archivaban y más tarde se utilizaban, o no se utilizaban, como fuente de información.

Apuntar hechos alfanuméricos, mover papeles y mucha organización eran las claves de mi *éxito* en aquel primer empleo por cuenta ajena. Simultanear los estudios con el trabajo requiere disciplina y compromiso. Aquella decisión, totalmente voluntaria y prescindible, dada la solvencia económica de mi familia, debo calificarla como muy provechosa para mi futuro profesional.

Los vientos libres
del mercado

—Las clases de economía suelen ser bastante aburridas —le comenté a Ce—. Deberían completarlas con atractivos ejemplos extraídos del cine o de la literatura.

—No es mala idea —me respondió—. ¿Sabes lo que estoy leyendo ahora? *La Regenta*.

—Vaya, ahí puedes encontrar una prueba de lo que es el monopolio.

Ce me trajo a la memoria las páginas de la célebre novela de Leopoldo Alas Clarín, quien por cierto, llegó a ser catedrático de política económica en la Universidad de Zaragoza, aunque por poco tiempo.

—Es apasionante —reconoció.

Apasionante, ya lo creo que sí. La primera vez que leí *La Regenta* fue un verano, en Carboneras. Amanda me prestó el libro. No te arrepentirás, me dijo. Ahora, cuando Ce me hablaba de este clásico de la literatura, me vino la imagen de *mi amiga*, y sonreí involuntariamente.

—¿De qué te ríes?

—De nada, de nada.

El monopolio se basa en la existencia de un solo oferente y muchos demandantes. ¿Qué es, si no, lo que doña Paula y su hijo, el provisor Fermín de Pas, ejercían en su diócesis al comerciar cálices, patenas, vinajeras, casullas, lámparas, cera y hostias? Santos Barrinaga era un honrado comerciante que también vivía del suministro de esos artículos, pero pronto fue desplazado por el monopolio real de doña Paula y su hijo. Los monopolios destruyen a los competidores y ejercen una supremacía que les permite fijar los precios. Los monopolios escapan de los vientos libres que azotan las velas de la oferta y la demanda, en ese océano que conocemos como mercado libre. La competencia perfecta no existe. Es un modelo teórico que contribuye a mejorar el conocimiento de los procesos de equilibrio, la formación de los precios, sus ajustes y los factores que resultan decisivos en todos estos intercambios de naturaleza económica. La competencia perfecta es pura teoría.

En el casino de Vetusta se criticaba duramente a Fermín de Pas, el sacerdote que prestaba dinero procedente de los depósitos de las capellanías, a un coste del treinta por ciento, según decían. El ex alcalde de la ciudad era un *competidor* del provisor en el negocio financiero y solía arremeter contra el clero, en particular, contra quienes «como don Fermín, incumplían las normas humanas y hasta divinas que prohibían a los curas realizar tales prácticas comerciales». La defensa de la intermediación financiera parecía extraída de un manual básico de economía:

> *Yo empleo mi capital honradamente, y ayudo al empresario, al trabajador, soy uno de los agentes de la industria y recojo la natural ganancia… Éstas son habas contadas; y si estos curas de misa y olla que ahora usan*

*supieran algo, sabrían que la Economía política me auto-
riza para cobrar el anticipo, el riesgo y cuando hay caso,
la prima del seguro...*

Me compré *La Regenta* en Diego Marín, la mejor librería
de Murcia. Todos deberíamos guardar en nuestra casa
un ejemplar de esta monumental novela. Cerré el libro e
imaginé que Amanda era *La Regenta* y yo un cura de pro-
vincias.

La elasticidad

Mi padre fumaba puros. En el palco se fumaban muchos puros. El olor a puro es aroma para unos y tufo para otros. Yo pertenezco a los otros. Cuando era niño, pasaba en el estadio muchas tardes de domingo en compañía de mi padre y otros miembros de su junta directiva. Hablaban de fichajes, de recaudación en taquilla, de árbitros y de goles. Recuerdo también el olor a puro. ¿Se puede evocar un aroma o un tufo? Los puros son para las grandes ocasiones, la sobremesa de una buena comida en grata compañía, la celebración de una boda, un partido de fútbol, o un contrato con el Ayuntamiento, decía Manuel S (también muy aficionado a los habanos) cuando celebraba sus primeros logros en el negocio de los servicios mortuorios, un sector que le daría muchas alegrías, valga la (para muchos) contradicción.

Recuerdo cierta ocasión en que el Almería jugaba contra el Atlético de Madrid y mi padre mantenía una interesante conversación con un tipo muy gordo que tenía el rostro hinchado y los dedos de las manos parecían un muestrario de puros. La salud de aquel sujeto debía de estar al límite, en situación de máximo riesgo, le habría advertido el médico. El precio de las entradas, eso es, hablaban del precio de las entradas y de las complicaciones que debían sortear para cuadrar el presupuesto. Mi padre desempeñaba entonces el cargo de tesorero del club y no sabía nada de elasticidades de demanda.

Algunos años después, yo estaba echado en mi cama, la radio retransmitía los partidos de fútbol (al día siguiente, examen de estructura económica) y a la memoria llegaban imágenes y recuerdos de mi padre. Casualidades de la vida: en ese momento me llama por teléfono y me dice que estará en Murcia en unas horas.

—Tengo que estudiar.

—Será poco tiempo, hijo, ¿No tienes un rato para estar con tu padre?

Mejor no responder a la pregunta, me dije.

—¿Tú sabes algo sobre la sensibilidad que experimenta el comportamiento del consumidor real o potencial de un determinado producto ante cambios en factores vinculados a esa demanda, mayormente, el precio o la renta? —le pregunté a mi padre esa misma tarde. Iba acompañado de una mujer cuyo nombre no consigo recordar.

—No me gustaría que simultanearas los estudios con los porros —me replicó en un registro de voz muy serio, lo que evidenciaba su particular sentido de la escena—. A ver, abre la boca, ¿qué tienes debajo de la lengua? ¿No estarás tomando pastillas de colores?

La mujer parecía sentirse incómoda o contrariada y fumaba con ansiedad. El cigarrillo iba de su boca al cenicero en un fugaz y nervioso movimiento, hecho que me llamó poderosamente la atención.

Dejen que les cuente más: todas las mañanas, fiel a mi costumbre, bajo a una cafetería de la calle O'Donell y desayuno un *cola cao* con tostadas de pan con jamón. ¿Cómo afectaría al hábito de consumo un incremento del veinte por ciento en el precio del jamón? Todos los veranos, mi vecino suele ir de vacaciones a América. Ha visitado México, República Dominicana, Costa Rica y Cuba. ¿Seguirá manteniendo esa tradición de viajar a Centroamérica ante una sustancial caída de su renta disponible? Supongamos que para un producto como el fútbol existen otros bienes sustitutivos; me explico, imaginemos que los libros, el teatro y los restaurantes especializados en carne de faisán son sustitutivos del fútbol, es decir, claros competidores. ¿Es mucho imaginar, quizá? Bien, da igual, su elasticidad precio sería muy alta porque la variación del precio de las entradas provocaría un traslado de la demanda hacia esos otros productos. En vez de ir al Vicente Calderón, los aficionados comprarían muchos libros, asistirían al María Guerrero o cenarían a menudo en buenos restaurantes, donde elegirían carne de faisán, por ejemplo.

Cuando mi padre era directivo de la AD Almería, no teníamos la posibilidad de ver los partidos de fútbol a través de la televisión de pago. Ahora sí. A veces veo los partidos del Atlético de Madrid en la cafetería de O'Donell. El dueño de la cafetería es del Atlético y proyecta los partidos que le da la gana, y al que no le guste, que se vaya a otra cafetería, dice. Cuando se producen desmedidos incrementos del precio de las entradas, muchos aficionados deciden quedarse en casa y contratan su partido de fútbol *pay per view*, o bajan a la cafetería del barrio, donde se ve el encuentro sobre una pantalla gigante y extraplana. En estos casos, se abona alguna que otra consumición: un cuba libre (ya nadie dice cuba libre), una cerveza fría, un *cola cao*. Yo soy el único que bebe *cola cao* cuando proyectan partidos de fútbol en el bar. En la vida es muy importante tener criterio propio.

La elasticidad-renta mide el efecto que se produce en la demanda cuando varía la riqueza monetaria de los consumidores. Mi vecino no piensa cruzar el océano Atlántico este año. Dice que lo mismo pasa unos días en Torrevieja, en el apartamento de sus padres, que están muy mayores y ya no veranean, los pobres. El señor gordo con dedos como puros, directivo de la AD Almería, le decía a mi padre que la economía de la gente estaba muy mal, y que subir los precios de las entradas no sería muy conveniente. Me gustó mucho la expresión «la economía de la gente». Los directivos del club y alguna que otra autoridad municipal merodeaban como patos por la sala contigua al palco. Durante los quince minutos del descanso devoraban canapés, saladitos, bebían cerveza muy fría y fumaban muchísimo. Una tarde de febrero, vi por primera vez a Virginia, la amiga de mi padre, aquella que destrozó nuestra familia, según mi madre, la causante de tanta y tanta desdicha. Era una joven delgada, de finos dedos, con uñas esmaltadas en color rojo magenta y una dentadura perfecta. Sonreía constantemente, y eso que el Atlético ganaba cero a dos.

Los horizontes
temporales

El empresario Manuel S era un hombre de violenta orato-
ria. Se encendía cuando hablada de los sindicatos, del
Gobierno, de las subvenciones o de los parlamentos auto-
nómicos. En lo de las subvenciones, como en otros muchos
asuntos, mostraba una inequívoca contradicción, Pero no
nos engañemos: esas cosas le traían sin cuidado. Le ayudé
a preparar la documentación que habría de presentar para
optar a una ayuda a la inversión en capital fijo que otorga-
ba la Consejería de Industria del Gobierno Regional. Lo
más complicado, bueno, quizá complicado no sea la expresión, lo más aventurado (tampoco, bueno, da igual) era
estimar los ingresos. Un estudio de viabilidad requiere estimar ingresos y gastos en un horizonte temporal determinado. Un estudio de rentabilidad requiere hacer una proyección del futuro para establecer los resultados anuales. Sobre
los datos futuros, unos serán ciertos y otros estarán sometidos a circunstancias imprevisibles, lógicamente. ¿Recuerdan
lo que les comenté de los viajes de estudios?

Manuel S se había asociado con otro sujeto que regen-
taba una compañía de seguros de decesos. Contactaron

con el alcalde de una localidad próxima a la capital y le propusieron gestionar los servicios mortuorios municipales durante cuarenta años; a cambio, el Ayuntamiento se beneficiaría con una importante inversión que incluía el horno crematorio, la urbanización y el ajardinamiento de los espacios comunes del actual camposanto, así como un canon anticipado. Esto último era, sin duda, lo que más interesaba al equipo de gobierno. Contar con dinero fresco para afrontar inversiones, a poco menos de un año de celebrarse elecciones, era una oferta bastante atractiva. Cuando finaliza el mandato municipal, los políticos sólo piensan en términos electorales. Bueno, los hay que siempre piensan en términos electorales.

Mi trabajo consistía en fijar el valor de la inversión, lo que no era difícil, además de estimar los gastos de mantenimiento y los ingresos. Esto último suponía prever diferentes escenarios de uso para los servicios mortuorios, principalmente saber cuántos fallecidos serían incinerados. Contaba con las estadísticas de los últimos años y con el número actual de habitantes de la ciudad. La evolución demográfica y la presumible tasa de mortalidad podían determinarse sin especial dificultad. El problema estaba en *prever* el uso que se podría hacer del crematorio, frente a la tradicional inhumación de cadáveres en nichos, o, en menor medida, en sepulturas y panteones.

Los flujos netos anuales de caja son el resultado de estimar los ingresos menos los gastos. Para nivelar el valor de rentabilidad, los economistas actualizan los resultados al año cero, es decir, al presente, a través de una tasa de interés. Si hoy tenemos cien euros y dentro de un año vamos a tener ciento diez euros, ¿cuánto tendríamos *hoy* en total? Lo que he de hacer sería retrotraer los ciento diez euros del año siguiente al momento actual. Si el tipo de interés de la inversión es del diez por ciento, los ciento diez euros del año uno son cien euros del año cero. Por tanto, hoy, el valor actual neto (VAN) es de doscientos euros, resultado de sumar los cien del año cero y los ciento diez del año uno (actualizados al presente)

Por esa época leía *Me casé con un comunista*, de Philip Roth. Un día, Manuel S. vio la portada de la novela que llevaba entre manos. ¿Libros comunistas? Vaya mierda de contable estás hecho, sentenció.

Economías de escala, sinergias y marketing

El favorito de Ce era el atractivo y apuesto Richard Gere. Por entonces, las taquillas de los cines hacían caja exhibiendo *Pretty Woman*. El actor, volcado hoy día en la causa tibetana y defensor a ultranza de ciertas filosofías orientales, representaba en aquella película el papel de un multimillonario que compraba empresas en difíciles situaciones financieras. El objetivo no era reflotar o sanear tales empresas, sino *trocearlas* para después venderlas.

Al salir del cine, la conversación derivó hacia las economías de escala.

—Cuando incrementas la producción de una empresa, los costes totales unitarios disminuyen, así es como surgen las economías de escala. A ver, ¿sabrías ponerme algún ejemplo?

—¿Esto qué es, un examen? —bromeó Ce, pero enseguida aceptó el reto contestando lo siguiente—: El coste unitario de transportar un viajero en avión no es el mismo que cuando transportas a cien, ¿no es eso?

—En efecto. Si trazamos un eje de abcisas en el que se indica el volumen de producción, y un eje de ordenadas que muestre la escala de costes unitarios (los costes fijos más los costes variables, divididos por el producto), el gráfico de los costes totales unitarios tendría forma de U. Al principio, cuando la producción se incrementa, el coste unitario decrece. Es lógico, los costes fijos se van repartiendo entre más unidades de producción; incluso los costes variables pueden ser menores porque a veces se obtienen importantes rebajas a medida que compramos más *inputs*. Después aparecerá un punto de inflexión y los costes unitarios iniciarán su ascenso.

—¿Por qué?

—Porque pueden surgir ineficiencias técnicas, fallos en la organización y en los procedimientos o inadecuadas dimensiones de las plantas, circunstancias que eleven el coste o disminuyan el rendimiento productivo.

—Entonces, si Richard Gere vende las empresas que compra, ¿puede entenderse que no tenían una dimensión óptima?

—Puede entenderse que no tenían un tamaño eficiente, y que al dividirlas alcanzaban un mayor valor. Todo lo contrario a lo que conocemos como sinergia, concepto muy vinculado a las economías de escala.

—¿Sinergias? Explícate, *please*.

—Este guaperas, en la película se llama Edward, ¿no?, bien, Edward obtiene más valor con las empresas divididas en partes que formando parte de un todo.

—Pero el axioma de Euclides dice que el todo es mayor que cualquiera de las partes.

—¿Euclides? ¿Y cómo sabes tú eso? Realmente, me sorprendes, chica.

—Tengo buena memoria, chico, y no te sorprendas tanto...

—Desde luego, el todo es mayor que las partes y las economías de escala permiten reducir los costes unitarios a medida que las empresas crecen, pero esto no tiene nada que ver con Euclides. Una sinergia se genera cuando el resultado que obtenemos al sumar los factores es mayor que los rendimientos de esos factores por separado.

—¿Uno más uno es más que dos?

—Claro, uno más uno puede ser tres, o cuatro, más que dos, seguro. Eso es la sinergia. Si fusionamos el banco de Bilbao, el banco de Vizcaya y el banco Argentaria, obtenemos una incuestionable sinergia. Uno, más uno, más uno (resultado: el BBVA) será mayor que tres, ¿de acuerdo?

—Creo que te entiendo.

—En la película ocurre todo lo contrario. Dividir es, al menos desde un punto de vista financiero, más conveniente. Eso es lo que hacía Edward, dividir y vender.

—Qué forma tan curiosa tienes de interpretar las películas, Javier. ¿Se te ocurre algo más?

—Bueno, sí. Hay otro aspecto que me ha llamado la atención.

—¿Cuál es?

—Edward acude en socorro de Julia Roberts, ¿cómo se llamaba en la película...?

—Vivian.

—Vivian, eso. Resulta que Vivian no ha logrado comprar nada en las *boutiques* de Beverly Hills. Dispone de suficiente dinero, pero su aspecto no parece ser el más adecuado, y las dependientas la rechazan de una forma un tanto bochornosa.

—Ah, pensaba que te referías a otro tipo de socorro, a la ayuda que le ofrece para que abandone la prostitución.

—Bueno, eso también, pero yo estoy analizando la peli desde una perspectiva económica, recuerda.

—Sí, sí, por supuesto, ya sé que tu mente empresarial prevalece sobre lo demás.

—Lo otro es importante, mujer, pero estamos en lo que estamos, ¿no?

—Claro, claro… hombre.

—Bien, al día siguiente, Edward acude en socorro de su chica, entra en la tienda y dice que tiene mucho dinero para gastar: «Quiero que nos hagan la pelota», le dice al señor que regenta el comercio.

—Vale, el cliente manda. ¿Hablamos de marketing?

—En efecto, hablamos de marketing, una filosofía de gestión que sitúa al cliente en el centro de atención de la empresa. Sin llegar hasta esos extremos tan grotescos de hacer la pelota (o sí, que de todo nos podemos encontrar) las empresas se esfuerzan en adaptar los productos a las necesidades de los ciudadanos, y no al revés. Bienes y servicios, sobre todo, pero también ideas, personas, organizaciones o lugares son productos de marketing que se intercambian en el mercado, entendido éste en un plano global y amplio. A través de la investigación de mercados, las empresas llegan a conocer las tendencias de los consumidores, sus gustos, sus preferencias, aquellos aspectos que más destacan en sus demandas, y también aquellos aspectos que más rechazan. Pueden desarrollar experiencias piloto y mejorar el diseño y la comercialización de los productos.

—En definitiva, se trata de adaptar su producción y su comercialización a lo que la gente desea.

—Así es.

Ce quería ver una vez más la dichosa película y yo me resistía. Así repasamos nuevos conceptos económicos, por favor, insistía en tono de súplica, con voz melosa. Al final cedía. No soy yo muy proclive a contrariar a las chicas.

Quería a Ce, la quería mucho. ¿Estaba enamorado de ella? No sabría decirles con certeza, pero creo que no. Ella, sin embargo, parecía sí estarlo de mí. Les he descrito uno de esos encuentros en los que todo nos iba muy bien, momentos agradables y conversaciones fluidas e interesantes. Pero las personas cambian. Con el tiempo fui observando que esos esfuerzos iniciales que ella hacía en seguir mis temas de conversación preferidos se iban relajando. Ya no se mostraba tan atenta. La comunicación era mínima y nuestra relación alcanzó un punto en el que regía esa terrible palabra: rutina. Un día, a la rutina se le cayó la «t», y lo dejamos, o mejor dicho, la dejé.

(Lo de la «t» no es mío, sino de Juan Bonilla).

Ce terminó derecho y aprobó las oposiciones. Yo terminé la carrera y me fui a la mili.

La mili y Adam Smith

En aquellos años el servicio militar era obligatorio y el ejército estaba integrado por jóvenes a los que el Estado exigía realizar una suerte de contraprestación laboral a cambio de no más de mil pesetas. De acuerdo con las teorías clásicas de Adam Smith, existen determinadas iniciativas que deben ser prestadas por el Gobierno. No pueden dejarse al amparo del mercado, porque la ley de la oferta y la demanda no garantiza su prestación. Son actividades que incluimos en la categoría de bienes públicos, es decir, productos en los que resulta imposible discriminar a los consumidores que pagan, frente a quienes no pagan. La defensa nacional constituye un caso paradigmático de bien público. Debe existir una autoridad que suministre el bien, porque todos nos vamos a ver beneficiados. Una barra de pan no es un bien público sino un bien privado. Se puede delimitar tanto su propiedad como su consumo. Cuando un guardia urbano ordena el tráfico desde un peligroso cruce plagado de coches, también está prestando un bien público (servicio público, para ser más exactos). Conductores y peatones se benefician sin la necesidad de abonar un precio directo por este servicio. Los bienes públicos, como el ejército, se financian con el dinero que recauda el Estado.

Al sargento Gregorio le comenté mi indignación porque durante doce meses iba a trabajar prácticamente gratis. Le hablé de la teoría de los bienes públicos y le recordé que la educación, al igual que la defensa, son también bienes suministrados por el Estado. No creo que al Gobierno se le ocurra reclutar profesores y maestros para que trabajen por mil pesetas al mes, ¿verdad?, le repuse. Me respondió con argumentos relacionados con el amor a la patria y yo le insistí con mis justificaciones económicas, finalmente ordenó que me cuadrara. El soldado Muñoz, buen amigo, se reía de mí. ¿A quién se le ocurre hablar de economía pública con el sargento Gregorio? Recuerdo que, en una ocasión, Muñoz fue destinado a trabajos de cocina, y entre sus cometidos estaba la elaboración de presupuestos que reflejaran, previa dieta señalada, el precio unitario de cada menú, su descomposición por productos, kilogramos y hasta calorías. Este asunto le atormentaba muchísimo. Se veía incapaz de cerrar el presupuesto con un mínimo sentido de la lógica. Fue entonces cuando le comenté lo que mi intuición económica aconsejaba, y todo lo contrario de lo que un buen contable debería hacer: inventarse los datos partiendo del resultado final. El origen te lleva al fin, pero en este caso, el fin te conducirá al origen.

Muñoz era un hombre de letras en estado puro y ha llegado a alcanzar gran renombre como escritor. En la actualidad es miembro de la Real Academia. Son de estas cosas que ves venir y no te sorprenden en absoluto.

En el mes de las cocinas, Muñoz logró vencer el desafío presupuestario que la jerarquía militar le había planteado. La comida no mejoró ni empeoró; seguiría siendo igual de intratable que de costumbre, pero mi compañero consiguió lo más difícil: equilibrar los complejos estadillos con cifras que reflejaban cantidades ficticias totalmente alejadas de la realidad.

Cuando Aznar ganó las elecciones suprimió el servicio militar obligatorio, una importante acción política cuyos efectos hoy día los jóvenes pueden disfrutar, y que, a mi modo de ver, no siempre se ha sabido ponderar suficientemente.

El interés
general

Viajé en autobús hasta Marbella. Allí me entrevisté con Jota, gerente de urbanismo.

—Mi hermano Fran me ha hablado muy bien de ti. Aunque no tengas experiencia en la administración pública, estoy convencido de que pronto te harás con lo básico y esto no será problema para ti —me dijo.

Había coincidido con Fran en la estación de Atocha, justo el día que volvía recién licenciado del servicio militar. Fran había sido uno de lo mejores amigos de Rubén, y aunque yo me desvinculé finalmente del movimiento libertario, siempre mantuvimos una relación cordial y afable.

—Me dedico a negocios varios —me comentó—. Últimamente estoy más volcado con las máquinas recreativas y juegos de azar, sector de gran futuro —me comentó convencido—. Y tú, ¿en qué andas?

Le dije que no sabía muy bien qué hacer, que me tomaría unos pocos días de reflexión (como si no hubiera tenido tiempo para reflexionar en la mili) y que la idea de trabajar en la administración pública me atraía.

—Todo lo relacionado con el sector público, la hacienda, los sistemas fiscales y, en especial, los fallos del mercado, me ha interesado desde los tiempos de la universidad —expuse un tanto ingenuamente.

—Los fallos del mercado y los fallos de la administración —comentó Fran con ironía—. Mi hermano trabaja en el Ayuntamiento de Marbella, es abogado, si quieres le comento algo, ¿vale?

A los pocos días recibí una llamada de Jota.

—Pásate por aquí, puede que te necesitemos.

El Ayuntamiento había constituido una sociedad mercantil de capital público a través de la cual gestionaba el urbanismo, fundamentalmente los asuntos relacionados con el patrimonio municipal de suelo. De esta forma, la *voluntad política* (una expresión que escucharía muchas veces el tiempo que estuve trabajando en Marbella) escapaba de los tortuosos y lentísimos procedimientos regulados por el derecho administrativo. Mi trabajo se centraba, una vez más, en aspectos contables de una sociedad (recordé las palabras de mi primer profesor de contabilidad, palabras que parecían perseguirme), pero no de la sociedad municipal, como en principio pensé. Se trataba de una gestoría que facturaba servicios externos a la empresa municipal y a otras muchas sociedades promotoras que necesitaban del Ayuntamiento para sobrevivir. No era el empleo de mi vida, pero las condiciones y el sueldo eran realmente extraordinarios. Acepté y, en efecto, muy pronto entendí las reglas básicas del urbanismo.

«No hay sitio para todos», decía Dodó, el conejo de *Alicia en el País de las Maravillas*. El suelo, que en algunas zonas del planeta es un bien escaso y en otras abunda, lo ordena el sector público. Para empezar, conviene distinguir la diferencia que existe entre el uso y la propiedad. Uno puede ser dueño de una parcela de suelo, pero no puede usarla como se le antoje. La facultad de edificar, destino soñado por toda parcela que se precie, depende de la normativa municipal. Si los ciudadanos disfrutáramos de carta blanca para actuar sin licencia o autorización administrativa previa, la ordenación del territorio sería caótica. El ancho de las calles, su alineación, las alturas de los edificios, las servidumbres de las medianas, la reserva de suelo para parques, equipamientos deportivos o educativos, todo ese conglomerado de *usos* son regulados por el urbanismo. Si estas decisiones quedaran sometidas a la buena voluntad de los particulares, las ciudades presentarían un aspecto desastroso, como ocurre en muchas capitales del mundo menos desarrollado. Por eso, en las relaciones entre particulares interviene la autoridad pública. La autoridad es, en este caso, el Ayuntamiento (a quien se le presume la *defensa del interés general*, otra expresión que escuché mucho en Marbella).

Jota era la *autoridad* y además un golfo que se aprovechaba de su poder para enriquecerse. La interpretación de los planes urbanísticos dependía de su único criterio, que podía o no podía coincidir con esa vaga expresión del *interés general*. La negociación con los promotores incluía transferencias de maletines y bolsas repletas de billetes. Cuando dos partes fijan un acuerdo inicial que no es satisfactorio, aun al margen de la autoridad formal (las normas), se establece una nueva negociación que tiende hacia el equilibrio óptimo. Ya lo estudió un Nobel de Economía, Ronald Coase, al tratar las negociaciones fuera del ámbito jurídico. Jota, abusando de su privilegiada situación, y bajo una supuesta *defensa del interés general* que la colectividad, en teoría, le había otorgado, se aprovechaba de su posición y se hacía inmensa, inmensamente rico. Los pagos que la promotora efectúa al delincuente Jota para lograr favores urbanísticos tienen su reflejo en el precio final de la vivienda, ya lo creo que sí. Los ciudadanos que satisfacen mensualmente la hipoteca, el capital prestado más los intereses devengados durante treinta o cuarenta años para ser algún día propietarios sin cargas, también están *financiando* al delincuente. Muchas pequeñas partes forman grandes fortunas que, como la de Jota, se disfrutarán al máximo cuando salga de la cárcel.

Desde mi cargo como director de administración llegué a mantener contactos con muchos promotores, y supe quizá más de la cuenta. Las evidentes relaciones entre los dueños de la gestoría (posibles testaferros) y el propio Jota revelaron muy pronto la turbia naturaleza de los negocios que alrededor del urbanismo se iban tejiendo en aquella Marbella de finales de los noventa. Por muy bien pagado que estuviera aquel empleo, no me convenía de ninguna de las maneras. El dinero no lo es todo.

Buscando una correlación

Tenía que huir de aquel sucio mundo, así que una mañana de domingo decidí darle una nueva orientación a mi carrera profesional. Mis dos ocupaciones anteriores habían sido prácticas, alejadas del economicismo teórico o analítico, siempre vinculado con la gestión empresarial, y en particular, con la contabilidad, como he explicado más arriba. Tras leer un anuncio en las páginas salmón de un diario nacional, preparé mi currículum, destacando preferentemente mi experiencia como alumno-ayudante de investigación en el departamento de Sistemas Financieros y Hacienda Pública, y lo presenté en Unicaja.

En efecto, no creo haberlo mencionado, pero les diré que durante el último año de carrera colaboré con un equipo de investigación dirigido por un sujeto empeñado obsesivamente en engrosar su expediente con toda clase de artículos y recensiones susceptibles de ser editados en cualquier publicación del *gremio*, daba igual si era prestigiosa o no. Mi labor consistía en la traducción de textos del español al inglés (al revés es más sencillo y existían muchos más alumnos candidatos). También trabajé con una nueva aplicación informática denominada MOISSES, especializada en modelos econométricos. En ese tiempo llegamos a crear una potente base de datos en la que incluíamos promedios de bases imponibles y tipos impositivos de los municipios de la región, así como diversos indicadores sectoriales del mercado inmobiliario, producción industrial, consumos energéticos y cosas así. Mi principal aportación, jamás reconocida, fue un innovador procedimiento para estimar la evolución del turismo en municipios de costa, sobre todo durante periodos estivales. Basándome en unas ocurrencias que extraje de bibliografía sueca y danesa, ideé unos modelos fundamentados en los kilogramos de basura generados diariamente, datos más o menos exactos que nos suministraban las empresas encargadas de gestionar los vertederos municipales de residuos sólidos. El director de la investigación llegó a proponer una correlación entre basura y felicidad, pero nunca llegué a saber si logró establecer algún resultado fiable. Un economista que investiga con modelos econométricos siempre anda a la busca y captura de alguna correlación que desemboque en conclusiones relevantes para el futuro. Más tarde llegaría a leer *Amor y basura*, de Ivan Klima, magnífica novela que, si bien no te proporciona ninguna pista para avanzar en aquellas teorías económicas que pretendíamos demostrar, sí que me reportó un gran placer como lector. Una vez más, la literatura venció a la economía, al menos a la hora de suministrar felicidad.

En resumen, obtuve mi título de licenciado y me marché de Murcia sin que nadie me aclarara si las horas que le dediqué al departamento sirvieron para algo provechoso, aparte de los méritos curriculares de mi director. Posiblemente, de ese trabajo surgiría algún que otro artículo que, una vez publicado, abultaría aún más el expediente del profesor, o de cualquier otro ayudante en proceso de doctorado. La universidad, ese último reducto del feudalismo, dice Juan Manuel de Prada. En cualquier caso, la experiencia me proporcionaba cierta *pose* de investigador, lo que unido al dominio del inglés, resultaría decisivo para que me contratara el servicio de estudios de Unicaja.

Enseguida mis nuevos jefes descubrieron esa especial habilidad para la redacción de todo tipo de textos económicos, aptitud que siempre he considerado de mayor importancia que el idioma extranjero, pese a la excesiva valoración que se acostumbra a dar al inglés en ciertos ambientes profesionales. Muchos hablan inglés, pero, ¿de qué hablan? Se comunican en inglés, pero, ¿qué comunican?

A lo largo de su vida, Fernando Pessoa trabajó para varias empresas dedicadas a la exportación e importación de mercancías. El poeta portugués conocía bien el inglés y el francés, y se había diplomado como intendente mercantil, lo que le permitió desarrollar con habilidad y destreza la aparente y rutinaria tarea de escribir y traducir cartas comerciales. En *El libro del desasosiego*, Pessoa describe sus paseos por Lisboa, sus reflexiones más íntimas sobre el sentido de la vida, o aquellos aspectos más pragmáticos de su trabajo. El protagonista del libro es Bernardo Soares, heterónimo del autor, un ayudante en la sección de contabilidad de la empresa. En cierta manera, me sentía el Pessoa de Málaga, que avanzaba por sus calles, tras la jornada de trabajo en Unicaja, y reflexionaba sobre el devenir de la especie humana. Atravesaba una etapa existencial muy incierta. Esos años fueron de intensas lecturas. Descubrí a otros poetas, como Kavafis, que trabajó para la administración griega, vivió mucho tiempo en Alejandría y también era políglota, o Jaime Gil de Biedma, que al igual que Pessoa, estaba empleado en una empresa de exportación.

Cuando conocí a R me entregué plenamente a la lectura de otros autores de habla inglesa, sobre todo Ian McEwan y Philip Roth, a los que leía en inglés (muchos de sus libros aún no habían sido traducidos al español).

¿Les cuento lo de R?

Las horas que pasamos juntos

Algún taxi tendrá que pasar por aquí, pensaba. Estaba impaciente, de pie, a la sombra, en el paseo marítimo. Era un verano de infierno. Apareció R y me preguntó por unos apartamentos casualmente familiares: habían sido mi lugar de residencia durante más de un año, antes de trasladarme al ático de Torremolinos. La mujer mostraba una nada disimulada expresión del tipo *turista despistada*. Su español, por una parte, era pésimo y mi inglés, por entonces, más que aceptable. Terminamos charlando animadamente en una cafetería cercana.

R cargaba con el cochecito de su lindo niño de unos tres años, rubio (como su padre, supe después). Me acabo de divorciar, comentó. Había decidido pasar una temporada en España: primero, porque necesitaba fijar algún orden en su vida, y nada mejor que el sur, lejos del agobio gris de Londres; segundo, porque atravesaba una terrible tempestad emocional provocada por una separación violenta y bastante traumática, como casi todas, por otra parte, supongo, dijo.

En principio no percibí muestras de que sufriera por problemas de tipo económico, o al menos, no se apreciaba ningún signo que hiciera despertar sospechas, pero lo cierto es que estaba pasándolo mal. En esos momentos, mi ayuda, y no sólo me refiero a lo económico, resultaría determinante para que al final pudiera salir del bache vital en el que se hallaba inmersa. Nuestra relación fue evolucionando, desde una amistad basada en muchos puntos de encuentro (el tenis, la literatura, los paseos por la tarde, las conversaciones de café sobre temas desenfadados o frívolos) hasta alcanzar esa cumbre que muchos denominan amor. La economía, sin embargo, no era asunto que le importara lo más mínimo, por lo que jamás le hacía partícipe de mis avatares en Unicaja.

Por más que ella lo propusiera, yo me oponía frontalmente a vivir bajo el mismo techo. Quizá fuera por la presencia de su hijo, algo que me perturbaba (sin fundamento porque el niño era un primor. Con frecuencia me imaginaba al padre, irrumpiendo violentamente en la casa). Al final, eran tantas las horas que pasábamos juntos, que los días que amanecía en su cama superaban en número a los que yo saludaba al sol desde mi apartamento de Torremolinos.

La elección
pública

Me sentía bastante ilusionado con mi nuevo empleo. Trabajar en el servicio de estudios despertó mi interés por acaparar otros conocimientos y experiencias en el mundo académico e investigador, así que me animé también a formalizar mi inscripción en un curso de doctorado. Nunca lo llegaría a terminar. Mi ámbito de estudio se relacionaba con el sistema financiero y su derivación hacia el mercado de divisas, pero lo que me atraía en realidad eran los nuevos enfoques que iban surgiendo en la economía del sector público. Algunos de los profesores de la Facultad de Económicas de Málaga mostraban un apoyo entusiasta a la *Public Choice*, la escuela de la elección pública liderada por James Buchanan y Gordon Tullock, aunque, en general, por aquel entonces, el keynesianismo socialdemócrata arrasaba en todas las universidades. Resulta curioso comprobar cómo se ha llegado a tergiversar la doctrina de John Maynard Keynes, un señor que podía ser de todo menos socialista. Su gran hallazgo fue descubrir que una parte del ahorro no se destinaba al consumo y, por tanto, el equilibrio de los mercados no se alcanzaría de forma natural.

Hasta ese momento, la confianza en la economía neoclásica y la ley de Say (cada oferta genera su propia demanda) hacía pensar que las crisis no podían persistir en el tiempo, y que las propias fuerzas del mercado generarían un equilibrio. Keynes sugería la aplicación de políticas gubernamentales de demanda, más concretamente, políticas fiscales que contribuyeran a cubrir la brecha entre la producción (sobreproducción), por una parte, y el consumo y el ahorro, por otra. La práctica de políticas expansivas de gasto público, desplegadas por el presidente Roosvelt a través del *New Deal*, apuntalaron estas teorías keynesianas que, muy pronto, comenzaron a reclutar adeptos: Samuelson, Tobin y Galbraith entre otros.

Pero mis pensamientos de aquellos meses en los que trabajé en Unicaja volaban hacia otros derroteros. La forma en la que se adoptan las decisiones políticas, su repercusión en la economía y el pernicioso papel que desempeñan las burocracias, visto desde un enfoque económico, tal como el premio Nobel Buchanan había analizado en su amplia e interesante obra, centraban mi atención intelectual. Mi desagradable experiencia en Marbella, con los corruptos del urbanismo y el despojo al que se vio sometido el patrimonio municipal, me llevó a radicalizar mis posiciones. Más que las reivindicaciones de Rubén y sus amigos, los *Libertarios de los últimos días*, fue mi propia experiencia profesional y algunos libros de la escuela de la elección pública lo que despertaría mis instintos críticos hacia la autoridad pública. En cualquier caso, no sabría decirles si yo me consideraba de derechas o de izquierdas, liberal, socialista, conservador, democristiano o reformista, no sé, soy incapaz de encontrar un término que me defina ideológicamente. Era, ciertamente, una persona inquieta que manifestaba su disconformidad de manera moderada cuando algo no le gustaba, y que tendía a la discusión frente a quienes proclamaban verdades absolutas o interpretaban el mundo como una película de vaqueros, con los buenos ganando a los malos.

R escribía cada vez con más dedicación y yo la veía cada vez menos. Evitaba molestarla en plena temporada creativa. Nuestro amor se fue enfriando, sin sobresaltos y sin traumas, de forma gradual. Igual que llegó se fue. ¿Podríamos afirmar que la literatura nos separó? R estaba muy obsesionada con su nueva novela, la historia de un muchacho que tenía poderes mágicos y cuyo nombre era Henry o Larry… algo así. En un principio la animé y hasta le proporcioné ideas sobre la caracterización de los personajes y la trama argumental, pero finalmente ella terminaría prescindiendo de mi colaboración.

Hoy los libros de R se venden en todo el mundo. ¿Se acordará R de mí y de aquellos meses que pasamos juntos en su apartamento de Marbella?

R aparece en *Hard Talk*, un programa de entrevistas de la BBC. Le preguntan por su etapa en España. Confiesa que guarda un buen recuerdo, que fue muy fructífera, y que allí se gestó gran parte de su primera novela. *I love Spain and I do love Spanish people.* Mira a la cámara de televisión y siento que me regala los ojos: *I'm convinced that my writer's life would have been diferent if I had never met you. Being honest, I have to say: Javier, many many thanks.*

No estoy en condiciones de afirmar si aquellas palabras fueron reales o fueron producto de mis sueños, así pues, les pido disculpas por esta notable imprecisión.

R se despidió una tarde. Estábamos en una cafetería muy próxima al Ayuntamiento. La recuerdo muy bien: justo cuando me explicaba por qué deseaba volver a Londres entraba por la puerta el alcalde de Marbella, Jesús Gil, y todo su séquito. Le saludé con un ligero movimiento de cabeza. Supuse que me reconocería, de hecho, habíamos coincidido en alguna que otra ocasión, pero no fue así. Me sentí insignificante entonces. Ahora me alegro de todo lo que sucedió. Bueno, de todo o de casi todo.

Secuencias diferenciales

La noticia es la siguiente: Amanda se casa con un sujeto que trabaja como abogado en un dizque prestigioso bufete de Madrid. Al parecer tenía intención de dedicarse a la política, me comentó mi hermana Montse una tarde, cuando pasó por mi apartamento de Torremolinos. Amanda siempre había tenido interés por los asuntos públicos. Sus inquietudes eran cambiantes e imprevisibles, e iban más allá de la mera curiosidad pasajera. Si dirigía su atención hacia un tema, ahí que disparaba todo su arsenal de conocimiento y su fuerza arrolladora, que transformaba en inquebrantable y persistente voluntad. Nada o casi nada de ella podía sorprenderme. En cambio, el anuncio de su boda me produjo una punzada en el estómago, una sensación extraña de dolor que no era nueva, un síntoma familiar, una patología de compleja resolución, desvinculada de causas fisiológicas.

Montse, mientras tanto, vivía con Páez, un músico que lideraba *Expresiones*, orquesta de aceptable reconocimiento en el sector verbenero. Mi hermana siempre había mostrado una especial inclinación hacia el mundillo del espectáculo. Pronto aprendería el *abecé* de la gestión artística, las cláusulas de los contratos, los presupuestos de sonido e iluminación, los viajes, los contactos con concejales de fiestas y todos esos asuntos. Mi hermana intervenía como una especie de agente y *road manager* que acompañaba a la orquesta por toda España. *Expresiones* tenía previsto actuar en las fiestas de Coín, y Montse aprovechó unas horas para ver a su queridísimo hermano.

La música verbenera constituye un bien público subvencionado por la autoridad local. Si la actuación de *Expresiones* se desarrollara en un recinto cerrado y se cobrara un precio por la entrada, nos encontraríamos ante el caso de un bien privado, pero las verbenas de las fiestas de Coín estaban abiertas a todo el que quisiera pasar por el recinto ferial, de tal forma que podíamos disfrutar gratuitamente de la música. Se cumplían por tanto los principios de no rivalidad y no exclusión. Por el primero entendemos que un individuo que disfruta de la música no perjudica a otros (no rivaliza). En cuanto a la exclusión, siendo un recinto abierto, resulta imposible limitar su consumo. La decisión de financiar el caché de *Expresiones* con el dinero de todos los contribuyentes corresponde al político y a su particular visión de lo que interesa y no interesa. Un alcalde que recorte (no digo ya que suprima) el gasto en fiestas verbeneras, sufriría un notable deterioro de popularidad, lo que podría llevarle incluso hasta la pérdida de las elecciones. El mercado no asigna los recursos eficientemente, pero el sector público tampoco. ¿Dónde está el equilibrio?

Mi hermana llegó a mantener una destacable red de contactos, circunstancia que le permitía firmar un buen número de galas y actuaciones con artistas de toda índole.

Tiempo después, llegaría a regentar una de las oficinas de contratación más pujantes de todo el panorama musical español. Gran parte de su éxito se debía a la habilidad para las relaciones públicas y un *networking* que fue construyendo a lo largo de todos estos años.

Ese mismo fin de semana, Juanjo, compañero de Unicaja en el departamento de auditoría interna, celebraba una fiesta en su chalet de Benalmádena. Allí, casualidades de la vida, coincidí con Ce, que acababa de ser destinada a la Delegación Provincial de Hacienda. Del recuerdo de Ce en aquella etapa universitaria, de la que ya di cuenta en capítulos anteriores, destacaría el cariño y la complicidad. Sin profesarnos un amor pasional, Ce vino a darme la tranquilidad que a veces, sin buscarla, pasa por nuestra puerta y la hacemos entrar, con la esperanza de que se quede para siempre en nuestra vida. Ce, ya les adelanté algo, es de un temperamento equilibrado, refractaria a la discrepancia y a la confrontación, lo que no quiere decir que fuera conformista o simple. Sus costumbres eran más bien sencillas. Sosiego sería, sin pensarlo más, la palabra que mejor la definía. Me aburrí de ella cuando estudiaba en Murcia y ahora surgía otra vez en mi vida con otro aire que se me antojaba nuevo y prometedor.

La perfección y la belleza de un rostro se puede apreciar tanto desde la distancia como desde la proximidad. En este último caso, conviene hacer el examen a primera hora de la mañana. Una mujer como Ce es más hermosa al amanecer que por la noche, con todo su maquillaje y con esos vestidos que subrayan las líneas.

Nuestro romance universitario, un paréntesis de distancia, reencuentro y boda. Así se describen las secuencias. Decidimos consolidar nuestras vidas y nos casamos.

Todo fue muy apresurado. Si no hay estampas que evocar en mi memoria, lo que sucedió en el pasado es efímero o leve, o al menos así lo percibo en estos días en los que rescato vivencias. Poco más tengo que añadir.

En matemáticas diferenciales obtenemos el valor de la pendiente calculando la primera derivada. Mi matrimonio con Ce fue la primera derivada. Con la segunda derivada obtenemos un punto de inflexión que marca una pendiente de signo contrario. A los pocos meses de la boda ocurrió un desgraciado accidente, una segunda derivada, otro punto de inflexión en mi vida.

SEGUNDA PARTE

Todo sucede
deprisa

Esta tarde será la entrevista. Es un puesto de trabajo en el extranjero, Oriente Medio, no han concretado de qué país se trata. Tengo la certeza de que seré seleccionado. También sé que aceptaré lo que me ofrezcan. Me ha llamado Amanda y la he puesto al día. Se ha sorprendido mucho de lo de Ce.

La única explicación que me he atrevido a exponer (no sé si le habré aclarado algo) es la siguiente:

—Estamos atrapados en vasos de cristal. Vivimos encerrados en vasos de cristal. Hay miles de millones de vasos y, lógicamente, todos tenemos un techo de cristal. Algunas personas están muy cerca y rozan con su cabeza el frío vidrio. Otras ven el cerramiento desde la distancia. Miran hacia arriba, miran a la derecha, a la izquierda, delante, detrás, y comprueban que hay algo en el exterior. Hay personas que sienten un irrefrenable deseo de salir del hermetismo que conforma el vaso. Otros se encuentran cómodos dentro y no tienen necesidad de cambiar de hábitat. Los vasos pueden ser de diferentes colores y tonalidades, y cambian cada día, a veces cada hora, minuto, segundo. En ocasiones nos conviene permanecer dentro, atravesando una fase estática, como de parada técnica. Puede deberse a que el tiempo es adverso afuera, a que existe un inminente y manifiesto peligro debido a causas ajenas. También pueden producirse turbulencias internas. Quietos, quietos dentro del vaso. Supongo que habrá otras muchas razones para no moverse. Hay vasos opacos, traslúcidos, refractarios. En el interior sentimos un frío aterrador, o un calor infernal, o un ambiente neutro. Depende. Hay personas como Ce, que han abandonado su vaso de cristal y se han encerrado en otro más lejano. Hay mucha gente encerrada en vasos pero, descuida, yo estoy bien.

—¿Pueden vivir dos personas bajo un mismo vaso? —pregunta Amanda.

—Es difícil, pero aunque vivamos en vasos independientes, lo cierto es que los vasos pueden relacionarse; unos son más compatibles que otros.

—¿Y podemos cambiar el vaso desde dentro?

—¿Cambiar el vaso? Creo que sí, aunque no sé cómo; lo más sencillo es abandonar ese vaso y entrar en otro, como ha hecho Ce. A veces los vasos se rompen, chocan o simplemente te cansas del color de sus cristales.

Qué es la vida sino una cadena de secuencias. Vas acumulando secuencias de distinta naturaleza, magnitud o relevancia. En algunos momentos te eriges en protagonista principal, en otros actúas como mera comparsa. Te gusta recordar aquellos episodios en los que otra gente se incorpora a la escena de tu vida, adaptándose al entorno y a la coyuntura. Son secuencias complejas. En las secuencias simples participan pocas personas y su importancia en el futuro será fútil.

Siento un vacío, una secuencia vacía, como enferma o apagada, una sensación muy amarga, pero no es la intensidad dolorosa que genera el desamor. Es otra cosa. No sé si es correcto o incorrecto lo que me sucede. ¿Quién determina lo que está bien y lo que está mal? Una disyuntiva existencial, común por otra parte a la que pueden padecer otros mortales, podría ser esta situación en la que me encuentro. Estoy inquieto. Sé que vivo en un proceso de transformación, un punto de inflexión que me llevará a otra fase, pero desconozco el rumbo y la dirección. Tendría que mostrarme más triste, pero mis sentimientos dependen de factores exógenos, no los puedo controlar. Ahora escribo mucho. Repaso algunas secuencias de mi pasado, pinceladas, momentos fugaces. La escritura como terapia. Me gustaría llorar, pero no puedo.

Anotaré secuencias en cuadernos de colores. Rehago la primera escena, se remonta a la primavera de mil novecientos setenta y nueve, un viaje a Madrid, mis padres, mi hermana y yo. Estuvimos de compras por el centro, también visitamos el zoo y algo sorprendente para mí: la Feria del Libro. Mi padre quería obtener un autógrafo de su escritor favorito, y vaya si lo consiguió. La segunda secuencia tiene relación con lo que veo ahora en televisión: un anuncio de tabaco. Sí, el tabaco es perjudicial para la salud. Te puede matar. Imagino a Ce. Va conduciendo, extrae un cigarrillo de la cajetilla y se lo lleva a los labios. Se distrae al encender el mechero y reacciona tarde. Ce se empotra lateralmente contra un camión, hace un zigzag y vuelca. No es un milagro, no es un accidente, es el destino, dice Ce. Se va recuperando. Menos mal que iba sola en el coche, me dice, con lágrimas en los ojos Paso muchas horas en el hospital. Es mi mujer y la quiero. Son pocos meses de casados y ahora esta secuencia...

No hace falta que seas tan sincera. Estamos en casa y Ce no es la misma. Nunca somos los mismos. Dice que no quiere vivir conmigo, que no está enamorada. ¿Hace falta estar enamorada para vivir con un hombre?, pienso pero no se lo pregunto. La separación es gradual y civilizada. Civilizada, una separación civilizada, fácil para el abogado, sota, caballo y rey, sostiene el abogado. ¿Han depositado la provisión de fondos? No es mucho dinero: sota, caballo y rey. Por supuesto, abogado.

Ce me comprendía, pero no es suficiente. Ce me dice que no se sentía comprendida. Todo ha sido muy rápido. Debe de haber otra perspectiva que permaneció oculta. ¿Cómo te encuentras? Bien, estoy bien, me voy recuperando. ¿Y tú? Podría estar mejor, le digo. Cambiamos de tema. Mi hermana trabaja para una productora musical. Está con un programa de extraordinario éxito en la televisión, Operación Triunfo, le comento, pero no parece interesarse demasiado. Antes me prestabas más atención, le digo. ¿Me vas a recriminar porque no me interesa Operación Triunfo?, me pregunta. No es eso, le contesto. Me despido de Ce.

En *YouTube* circula la conferencia que Steeve Jobs, presidente de Apple, pronunció en la Universidad de Stanford el día que fue designado doctor *honoris causa*. El afamado empresario norteamericano explica su teoría de los puntos que se unen a medida que la vida avanza, y lo comprueba y ratifica cuando mira hacia atrás. Los diferentes episodios y secuencias vividas son puntos que pueden o no tener una clara e inequívoca utilidad en el presente, pero que bien pueden ser aprovechados en el futuro. Cuando analizamos el pasado, observamos que nuestro camino se construye con trazos que unen gran parte de esos puntos. Mis clases de inglés con Hellen y Margaret, las lecturas de verano en Carboneras, el trabajo con Manuel S, la etapa de Marbella, R, los estudios de doctorado en la Universidad de Málaga, los análisis empresariales de los cementerios, mi matrimonio con Ce o la primera vez que estreché la mano de un escritor, son algunos puntos de mi trayectoria vital que terminan siendo conectados.

En *La ruina del cielo* (Luis Mateo Díez) leo que Londo era el hombre pobre de la Llanura, ese mítico territorio que conocemos como Celama. Al morir descubrieron una libreta que siempre había llevado consigo. «En una minuciosa letra que atestaba todas sus páginas», Londo fue anotando la referencia de pueblos, días, personas y cantidades. Se trataba de «una esmerada evaluación de las limosnas que había percibido a lo largo de su existencia».

En unos cuadernos de hojas lisas he decidido anotar algunas referencias de mi pasado, no para que las descubran a mi muerte, sino para sentirme más vivo ahora.

Las dudas pueden agravar el carácter de una persona y también pueden quemarte. Creo que me sumergiré en el mar de la literatura, así apagaré el fuego de las dudas.

Todo sucede deprisa.

La entrevista

A una empresa española le adjudican unas importantes obras en el puerto de Beirut. Los *conseguidores* han debido de contactar con los *factores clave* del Gobierno. Recuerden, *conseguidores* y *factores clave*. El premio será la inversión de cientos de millones de dólares. Con la facturación generada en España no se alcanza el nivel de crecimiento fijado en el plan estratégico, dice el consejero delegado. La reunión es un paseo: acuerdo absoluto. Todos están muy animados con este proyecto internacional. La búsqueda de mercados emergentes está siendo un éxito. Líbano sale de una terrible guerra civil y las multinacionales del sector se emplean a fondo para obtener significativas porciones de una tarta llamada inversión pública.

La empresa prevé desplazar a un equipo de ingenieros, con el apoyo de personal administrativo. Al frente del *staff* habrá de estar una persona con perfil de economista o abogado, con experiencia en la gerencia de obras y gran dominio del inglés y francés. ¿Cree usted que su perfil se adecúa a este puesto? Pienso en un espejo donde no veo bien mi perfil. El perfil profesional debe reflejarse en otro tipo de superficies, nunca en espejos. Les miro de frente, a los ojos, a todos, sin prestar más atención a unos que a otros, y les digo que cuando era estudiante alterné mis estudios universitarios trabajando con un empresario de la construcción y la promoción que terminaría especializándose en cementerios. Uno de mis entrevistadores, el señor de más edad, parece mostrar interés en los servicios mortuorios y me formula algunas preguntas que, a todas luces, se alejan del tema que allí les congrega. Los demás entrevistadores no ocultan su perplejidad cuando escuchan, resignados, mis explicaciones sobre nichos y hornos crematorios. ¿Dónde está el umbral de rentabilidad de una compañía de seguros de decesos?, me pregunta el señor que (empiezo a estar convencido) lleva la voz cantante en todo este proceso de selección. En la respuesta demuestro mis conocimientos y causo una gran impresión, creo.

Hablo y escribo inglés a un nivel alto. Superé esa línea intermedia que tanto se resiste en los eternos estudiantes de idiomas. Conviví con una chica inglesa cuando vivía en Marbella, le cuento a una de las entrevistadoras, la única mujer. (¿Por qué tengo que proporcionar detalles de mi vida personal?) Me estoy acostumbrando a no desviar la mirada de los ojos de mi interlocutora. Eso la desconcierta, intuyo, aparta la vista y hace como que toma nota. Es la mejor forma de aprender inglés, añado. ¿Usted cree?, me pregunta. Sí, le respondo, estoy convencido. Me muestro elocuente, no sé si tanta sinceridad resulta conveniente para alcanzar mis propósitos. ¿Qué tal se le da el francés? Bien (aquí he arriesgado). Les digo que empecé a estudiarlo el mismo día que leí el anuncio en prensa. Nada mejor que fijarse un objetivo claro y poner a prueba tu

fuerza de voluntad y tu perseverancia. Fijé un nivel de conocimiento básico avanzado, sin estar muy seguro de saber
hasta dónde llega ese nivel, pero les aclaro que estoy dispuesto a demostrar que el objetivo lo he superado, aunque
tengo para mí que el francés no ha de ser un factor decisivo en una ciudad como Beirut. Es un idioma en franco
retroceso, lamentablemente. Pienso que con el inglés y una
buena tarjeta de crédito, e incluso con esto último nada
más, cualquiera se puede mover por todo el mundo; lo pienso, pero no lo digo. Me imagino que la entrevistadora me
habría replicado: ¿Y en Afganistán también se movería usted
con una tarjeta de crédito? Menos mal que hay dos planos,
el real, sobre el que se desarrolla la entrevista, y el imagina-
rio, del que nada saben mis entrevistadores, y cuyas secuencias estoy reproduciendo en esta narración.

No sé si en esta entrevista de trabajo mi intervención
ha resultado positiva, o, por el contrario, mis escasas posibilidades de ser contratado se han ido al traste… por hablar
demasiado. En cuanto a mi situación personal, les informo que estoy separado y en pocos días obtendré el divorcio. No tengo hijos.

Mi madre me califica de loco. Aún no tengo el puesto,
mamá. Un país que se asocia con guerra civil, conflicto
armado, terrorismo e inestabilidad política en general, no
debe de ser un buen lugar para vivir, me argumenta. A mi
padre no le cuento nada, pero muy pronto se entera, me
llama y me desea suerte. Aún no he sido seleccionado, le
advierto. Mi hermana está de gira con los chicos de
Operación Triunfo, los participantes del concurso televisi-
vo recorren ahora toda España con un exitoso espectáculo. Le mando un correo electrónico poniéndole al corriente de los últimos acontecimientos.

Esta mañana me han llamado para comunicarme la decisión: no he sido seleccionado, lo sentimos mucho, pero le agradecemos enormemente su interés en participar en este proceso. Su currículum será tenido en cuenta en próximas convocatorias, convocatorias, por otra parte, que, más pronto que tarde, se producirán, téngalo por seguro, bla bla bla y etcétera. Horas más tarde, una llamada de teléfono me informa: la persona que había sido designada para el puesto de Beirut no acepta las condiciones propuestas y rechaza el empleo.

¿Sigue usted interesado en trabajar para nosotros en la delegación de Oriente Medio?

El coste de oportunidad

Primer viaje a Beirut y mis maletas se extravían. Nada que no se encuentre en el territorio de lo previsible. La impresión que obtienes al llegar a un país extranjero comienza a sentirse al avanzar por las diferentes salas de la terminal. Te vas fijando en los anuncios expuestos en los paneles publicitarios, en el personal de limpieza y mantenimiento, en los policías de aduanas, en los viajeros que transitan de un lugar a otro, en el suelo que pisas, en la luz que te ilumina, en el aire que respiras.

El monitor situado sobre la cinta transportadora por fin anuncia el vuelo procedente de Milán. ¿Por qué no existe línea directa Madrid-Beirut? Iberia decidió suprimirla hace tiempo. Desconozco si se debe a razones de seguridad (no creo) o porque no alcanzaba el umbral de rentabilidad esperado. A veces, pese a no obtener una gran facturación en una determinada línea, conviene mantenerla en activo, ya que los viajeros podrían desplazarse a un lugar más alejado, necesitando en ese caso hacer trasbordo a otro avión de la compañía. Estoy pensando en la amplia variedad de vuelos que conectan

Madrid con América, por ejemplo. Barajas es un *hub*, un aeropuerto al que llegan y de donde salen vuelos de larga distancia, y eso es una gran ventaja para la compañía Iberia. En Líbano viven muchas personas oriundas de Venezuela, Argentina, México o Brasil, potenciales demandantes de vuelos trasantlánticos.

Bien, se confirma: mi maleta no aparece. Acudo a la oficina de objetos perdidos. Doy parte. En el equipaje de mano llevo todo lo necesario para sobrevivir unos días. Veremos qué tardo en recuperar mis pertenencias. Me alojo en el Hotel Berkeley, le informo al encargado.

En el vestíbulo de la terminal, dispersos alrededor de la puerta de salida y atentos como pájaros de presa, un ejército de taxistas ofrece sus servicios a los viajeros del vuelo procedente del Milán. Me están agobiando. Ellos constituyen la oferta de este juego sometido a las reglas del regateo. *Thirty dollars* me piden por un trayecto que me ha de conducir al barrio de Hamra. Sospecho que los taxistas han acordado implícitamente un precio. Nadie parece ofrecer una rebaja. A *downtown, twenty dollars*. Me dijeron que convendría negociar, ¿o no? No sé a qué atenerme. Qué más da diez dólares más o diez dólares menos. A veces reparamos en detalles monetarios que, en términos absolutos, son insustanciales. Todos me ignoran cuando expongo mi contrapropuesta. ¿Todos? Uno de los taxistas se acerca con disimulo y me habla en su idioma. No le entiendo, pero le sigo. ¿Me habrá dicho que le siga, o será una maldición por verse obligado a aceptar el servicio a cambio de veinte dólares? En las grandes transacciones económicas (es indiferente el país en el que te encuentres) conviene negociar el precio. La compra de una vivienda o la adquisición de un significativo paquete de acciones puede ser objeto de una negociación larga y complicada. British Airways negocia la compra de acciones de Iberia, pero no llegan a un acuerdo, leo en un periódico. Buscamos el camino que nos lleve al precio final. En artículos o servicios pequeños, en general, el precio suele estar fijado y no hay más que hablar. Me pregunto si estaré siendo cicatero, ¿es este el precio justo? Si el taxista me va a llevar al hotel, será porque le trae cuenta, le será rentable; el ingreso que yo le reporto será superior a sus costes, o al coste de oportunidad por no prestar ningún servicio, pienso. El coste de oportunidad: lo que pudo haber sido y no fue. Supongamos que veintidós dólares es el precio mínimo que garantiza la cobertura de los gastos de la carrera. Si no acepta los veinte dólares que le ofrezco, no pierde veintidós, sino veinte, y si lo acepta incurre en un déficit de dos. Los taxis de Beirut representan una oferta poco organizada frente a un demandante como yo, que ha demostrado cierta determinación en sus decisiones económicas. El regateo me deja exhausto. Empiezo a echar de menos los taxímetros.

Ética y responsabilidad

La empresa para la que trabajo está asociada a otras multinacionales y han creado un consorcio cuyo principal fin es la reconstrucción del Líbano. Razonablemente, después de la cruenta guerra civil que padeció el país, son necesarias muchas inversiones. En un primer momento me destinaron a la gerencia de uno de los proyectos que se realizan en el puerto de Beirut, pero hay cambios de última hora y me informan de que debo coordinar las obras de la autopista de Damasco. Controlo gran parte de los procesos de gestión de personal, contratación de provee-dores y, sobre todo, la relación con la administración públi-ca: el pago de las certificaciones de obra es fundamental. La verdad es que son los ingenieros y jefes de obra quie-nes emiten los «conformes» de unas facturas que exijo vengan redactadas en inglés o francés. Abdullah, un com-pañero de la empresa que tiene pasaporte turco y libanés (y con buen dominio del español, gracias a que vivió en Sabadell durante años), me ayuda en las traducciones. A veces, la documentación que manejo viene escrita en ára-be y no me entero de nada. Mi trabajo es una cuestión de orden: mantener los archivos y operar con las hojas de cálculo en el ordenador es básico. Los gastos e ingresos, como simples números sin vida y sin alma, los llevo bien. Nunca he tenido el menor problema. Lo que hay detrás de los números es ya otro asunto. La corrupción puede estar flotando en este turbulento mar de contratas y subcontratas. ¿Otra vez? El pago de comisiones a políticos se detecta de forma clara. ¿Podría demostrarlo? Un abogado externo que realiza trabajos esporádicos para la empresa viaja a Líbano y crea una sociedad junto a otros socios capitalistas relacionados con diversas autoridades. Supongo que serán testaferros, hombres de paja de extrema confianza. Entre sus obligaciones principales, el abogado deberá transferir en metálico cientos de miles de dólares a los corruptos. No sé cómo justificarán las salidas de la contabilidad. ¿A qué se dedica esa nueva empresa?, podrían preguntarse. Consultoría y gestión. Nunca bajan del cinco por ciento en cada certificación de obra. El ingeniero jefe firma este tipo de facturas y la tesorería del consorcio transfiere el dinero a la sociedad constituida ad hoc. La contabilidad de costes me permite diseccionar todos los gastos del proyecto. En Marbella, como en otras muchas ciudades, el precio de una vivienda incluía una parte que a buen seguro iba dirigida al pago de comisiones a cambio de recalificaciones, o para la obtención de convenios urbanísticos de lucrativa finalidad; a veces también se pagaba por la simple agilización de trámites, ¡para que los papeles vayan rápido, vaya! En Líbano, el valor de la obra incorpora unos gastos de gestoría ficticios que posibilitan el enriquecimiento de unos cuantos; esos *cuantos* son precisamente los que deciden qué, dónde o con quién realizar la inversión pública, las carreteras, los puertos, las redes de saneamiento o abastecimiento de agua. Una parte de los fondos públicos, lo que en teoría debería destinarse al interés general (esa expresión que alude de forma positiva al bien de la colectividad), va a los bolsillos de los pillos, los golfos, los corruptos, los listos. Es el sistema. Así funciona el sistema. ¿Es inevitable? Una sola empresa, una sola persona no podría combatirlo. Hay que ser prácticos. Impera el pragmatismo. Mi empresa tiene dos opciones: aceptar las reglas del juego o no aceptarlas (no jugar en este campo). El objetivo de mi empresa es crecer, facturar, maximizar los beneficios, incrementar el precio de las acciones que cotizan en bolsa. La estrategia de crecer en otros mercados es positiva, y para crecer hay que asumir determinadas *costumbres*. El significado de la palabra honestidad, o lo que las escuelas de negocio llaman ahora ética empresarial, queda en entredicho en esta *joint venture* en la que trabajo. Me niego a conformar las facturas de la gestoría fantasma. Otros lo hacen por mí. ¿Qué alternativas me quedan?

Ahora les hablaré de la responsabilidad. El valor de la responsabilidad adquiere otra interpretación que sobrepasa los límites de la mera retórica. En estos países se recurre al *insalah*, al «si Dios quiere», para justificar cualquier retraso o engaño, cualquier fraude, o sencillamente esa falta de compromiso que tanto me exaspera. Mañana estará aquí el camión, a las nueve, *insalah*. Pero no es una expresión sin más. Es la excusa adelantada del posible incumplimiento. La paciencia es una virtud que debo cultivar si no quiero caer en el infierno de la desesperación. ¿Dónde trazar la línea que separa el mundo de las preocupaciones laborales de mi otra vida? Debo aprender a mirar a otro lado, me dicen. A veces, contar con tanta información, saber tanto, puede ser contraproducente para tu estado de ánimo.

Hoy no es mi mejor día.

Contactos fragmentarios

Amanda se divorció del abogado. La capacidad de recuperación de esta mujer en asuntos amorosos y sentimientos varios (dando por hecho que el matrimonio con aquel tipo se inspirara en el amor, que ya es mucho suponer) es asombrosa e insólita. Ahora estoy con un poeta que se apellida Bermúdez, no sé si te suena. Pues no, no me suena de nada. Me resulta extraño que se refiera a tal sujeto por el apellido; como pueden imaginarse, el corazón me vuelve a hacer uno de esos habituales quiebros a los que jamás terminaré de acostumbrarme. Ahora está con un poeta. Ahora está con un libertario. Ahora está con un abogado. Ahora está con alguien que no soy yo. Vente conmigo a Beirut, podría haberle dicho. ¿O se lo dije realmente? Las palabras suenan lejanas, o no suenan, forman parte de la imaginación, con esa levedad imprecisa de las hojas caídas de un árbol, palabras que se balancean en el aire, hasta que se posan en el suelo.

Palabras que se mecen...

Vente

   Conmigo<u>a</u>

     Beirut...

Se produce un tiempo de silencio, hasta que por fin se le dibuja una sonrisa, a modo de respuesta. Luego me cuenta que el tal Bermúdez trabaja para una editorial, pequeña pero de culto. Me hace gracia («de culto»), sospecho que los resultados de su cuenta de explotación no son muy abultados, porque las editoriales de culto no suelen contar con notables *bestseller* que contrapesen los gastos fijos y los gastos variables que han de soportar todos los libros que publican. El dictamen de los consumidores, en esa reñida lucha entre la oferta y la demanda, no siempre sabe apreciar un buen producto. (Nunca, casi nunca, algunas veces, casi siempre o siempre. Elija una de las opciones). La editorial de Bermúdez cuenta con algunas subvenciones, compromisos de adquisición de lotes de libros por parte de instituciones públicas. Eso siempre ayuda.

Lo último. Bermúdez acaba de ser nombrado asesor de la Dirección General del Libro, en uno de esos puestos de confianza sometidos a la coyuntura política de las legislaturas. Un amigo de Bermúdez, L, secretario de Estado de Cultura, le ofrece a Amanda un empleo en el gabinete de la ministra. Podrás ser útil y conocerás a gente curiosa, le dice. El interés de Amanda por los temas políticos (política y literatura, ¿agua y aceite?) se había movido hasta entonces en un plano digamos que iluso. En su juventud, quizá como un efecto de reproche o venganza contra la ideología conservadora de su padre, Amanda coqueteó con esas poses marxistas un tanto anacrónicas que tanto habrían desagradado a su familia paterna, de gran arraigo republicano. Desagrado o rechazo, qué más da, si hubiera estado al tanto de las andanzas de su hija, pero, claro, las múltiples ocupaciones de la FED no le dejaban ningún hueco para viajar a España y conocer algo más de cerca la vida de su hija. Años de abandono y un divorcio exprés borraron para siempre la figura paterna de la mente de Amanda. El americano era un referente lejano y difuso.

Amanda. Amanda, Amanda... Páginas atrás les comenté el episodio del periódico escolar y las soflamas revolucionarias de su directora. ¿Y qué me dicen de su etapa universitaria, con ese giro radical hacia posicionamientos libertarios? ¡Los libertarios de los últimos días! Fue divertido mientras duró, me confió una vez, días antes de mi partida a Oriente Medio. Las noticias sobre Amanda se van haciendo cada vez más esporádicas. La distancia, la frialdad de los correos de Internet y las ocupaciones tan dispares de uno y otro son los causantes de esta deriva que, sin llegar a la costa del abandono, se encalla en un delta de contactos fragmentados y discontinuos en el tiempo.

Amanda en televisión, una noche, junto a la ministra del ramo, está detrás, con ese aire de suficiencia interesada que suele caracterizar a los séquitos que acompañan a los líderes políticos. No es la protagonista de la noticia, pero lo parece. Sin duda, es la más atractiva de la pantalla.

—Amanda ya no vive con el tal Bermúdez —me comenta mi hermana. Una historia truculenta de escándalos, insultos y hasta malos tratos, al parecer. Qué parte de verdad, qué parte de exageración, pienso—. Menudo perla. En fin, otra cosa: me incorporo al equipo de producción de David Bisbal, ¿lo conoces?

—Algo he oído.

—Me marcho a Miami. Estaré fuera un tiempo. Seguimos en contacto, hermanito. Mamá está bien, como siempre.

—¿Qué sabes de mi ex?

—Se ha casado y creo que va a tener un hijo.

—Vale.

El edificio de los
alemanes

Vivo en la cuarta planta del *German Speaking Building*, un edificio construido por una comunidad de alemanes, la mayoría de religión evangelista. La persona con la que acordé el alquiler es el pastor, al tiempo que administrador de la sociedad propietaria. Dentro del recinto, junto al jardín de la planta baja, han construido una capilla de reducidas dimensiones, las suficientes para que los evangelistas de Beirut y alrededores se congreguen los domingos. Escucho sus cánticos. Nunca coinciden con el sermón que el muecín emite a través de la megafonía. En efecto, detrás de estos bloques de edificios hay una mezquita y cinco veces al día se oye la letanía del líder espiritual musulmán. En Líbano, un país tan pequeño, la religión es fundamental para la organización política. Los representantes del parlamento se eligen en función de la adscripción religiosa. El presidente del país ha de ser cristiano maronita, el primer ministro, musulmán suní, y el presidente del parlamento, musulmán shií. Conviven también católicos griego-ortodoxos, musulmanes drusos, católicos ortodoxos, católicos romanos, armenios y hasta judíos. Cerca de la plaza de L'Etoile hay una sinagoga, como escondida. Tanta religión no puede ser buena para el país.

El portero del *German Speaking Building* se llama Josué. Vive en un apartamento de la planta baja, a la derecha del portal. Antes de dormir, deja sus zapatos junto a la puerta de entrada. Algunas noches, cuando vuelvo a casa, me fijo en los zapatos y eso me proporciona una ilógica seguridad. Josué vivió un tiempo en Hamburgo, domina con soltura el alemán y por esa razón ha sido contratado por la comunidad, me cuenta mientras me ayuda a sintonizar la televisión vía satélite. Su inglés es bastante limitado pero suficiente para hacerse entender. El inglés de la mayoría de la gente es sencillo, precario diría, pero muy eficaz. ¿Para qué más? *You are welcome* y *habibi* son las palabras que más escucho. Aquí todo es *habibi*: *habibi* para allá, *habibi* para acá. ¡Qué hartura de *habibis*! Josué es un muchacho bastante locuaz, agradable y extremadamente servicial, aunque tanto ofrecimiento llega a abrumar. Me enseña la fotografía de la novia. Es guapa, le digo. La más guapa, contesta. Le gustaría tener muchos hijos, pero es consciente de los problemas económicos que lleva aparejada una familia numerosa. Estudiaba en un instituto de formación profesional de Alemania. Quería ser especialista en montajes eléctricos. Su padre murió y tuvo que regresar precipitadamente a Líbano. Dice que no es musulmán, sino evangelista. Es una historia muy larga y está relacionada con la Biblia. Otro día me la cuenta. Le digo que tengo trabajo y lo entiende. Sí, claro, otro día.

Un territorio
absurdo

Los becarios de la oficina comercial me invitan a una fiesta que celebran en su apartamento. Conoceré a gente diferente. Hay que aprovechar todas las oportunidades que surjan porque no toda la gente es diferente, más bien bastante común, me digo. Me presentan a una pareja que trabaja para una ONG prestando ayuda a palestinos refugiados en los campos de Sabra y Shatila. Los cooperantes, en general, son poco previsibles y difícilmente clasificables. Te encuentras de todo por esos mundos de Dios. No creo que exista un perfil único de cooperante, al igual que no existe un único perfil de economista. El perfil de economista que buscaba mi empresa no era el mío, ya lo sé, pero es tarde... ¿es tarde? Ya veremos. ¿No será el momento de cambiar de empleo? Soy poco estable. En la vida hay que perseverar. La clave está en fijar bien el rumbo, la dirección, la misión, como en las empresas.

Pero volvamos a los cooperantes. Algunos muestran un grado de compromiso y una generosidad con el prójimo (lo que llamamos solidaridad) que te deja verdaderamente impresionado; otros, en cambio, parecen formar parte del club de los granujas, esos parásitos que merodean alrededor de la administración pública en busca de subvenciones con las que mantener sus *exóticos chiringuitos* en el extranjero, esos que viven a cuerpo de rey, se mueven por toda la ciudad en coches de la organización, hablan continuamente por el móvil (¿con quién hablarán?) a cargo de los presupuestos de cooperación, cobran importantes cantidades en concepto de dietas por manutención y alojamiento, viajan a países limítrofes también a cargo de los gastos generales para no sé qué encuentro de solidaridad y desarrollo (las palabras que más pronuncian: «solidaridad» y «desarrollo»), habitan en apartamentos bien equipados, normalmente algo alejados de las zonas marginales donde se supone que trabajan, y así. Entre los cooperantes los hay que no hacen un uso adecuado del dinero público, por decirlo de forma elegante.

En el libro *El sendero de la mano izquierda*, Fernando Sánchez Dragó afirma haberse «pateado a conciencia» Asia, África y América, todos lugares en los que te encuentras misioneros. Llega a la conclusión de que en esto, y sólo en esto, la Iglesia Católica (no sabe si la protestante) es absolutamente de fiar: «Euro que das para las misiones es euro que llega sin menoscabo de un solo céntimo adonde tiene que llegar: a las pobres gentes humilladas y ofendidas del Tercer Mundo». Prosigue el escritor afirmando con rotundidad lo siguiente: «Todas las ONG, mientras no se demuestre lo contrario, son cuevas de Alí Babá».

Me presentan a la secretaria de embajada. ¿Os conocéis? Digo que sí y ella dice que no. Coincidí (nos presentaron) hace unas semanas cuando yo salía de una reunión en la oficina comercial. Este país no es muy grande y la comunidad de españoles muy reducida, pienso. Debe de ser un despiste o esta chica es imbécil. Al inicio de nuestra conversación se muestra fría y borde. Vamos desplegando diferentes temas hasta que al final desembocamos en literatura y la charla alcanza un punto entretenido. ¡Es una entusiasta de Amos Oz! Dice que lo conoce personalmente. Sin duda, esto es lo más reseñable de lo sucedido en la fiesta.

Los dulces libaneses no me gustan nada. Tienen un sabor terriblemente dulzón, quizá sea el exceso de miel. No me acostumbro por mucho que los pruebe. Se me ocurre manifestar mi opinión y pasa lo que pasa.

—De gustos no hay nada escrito —dice la secretaria de embajada.

—¿Cómo que nada escrito? —replica uno de los ingenieros que trabaja conmigo.

—No hombre, quiere decir que todo es subjetivo, y que hay tantos gustos como personas —intervengo con ánimo conciliador.

—No, no, el refrán quiere decir lo que quiere decir y los libros están cargados de gustos, de opiniones, de diferentes puntos de vista, o sea que lo de «nada escrito» es falso.

Pero hombre, no seas necio, pienso.

—A la gente —prosigue el compañero ingeniero con su sermón— le encanta decir lo que está bien y lo que está mal, qué es cultura y qué no, dónde está lo moderno y dónde lo antiguo, qué es de buen gusto y qué es zafio. Los refranes mienten.

—Quizá falte un título demoledor que se encargue de ridiculizar, de una vez por todas, al dichoso refrán, ¿no crees? algo así como *El definitivo libro de los gustos* —disparo un proyectil de fina ironía.

—Claro, claro, escríbelo, a qué esperas —le espeta la secretaria de la embajada, que se llama Carmen.

—No sé... —Nadie secunda la conversación, que parece derivar hacia un territorio absurdo, pero el ingeniero (existen siete tipos de inteligencias, según la teoría de Howard Gardner), después de unos segundos de meditación, insiste—: Hay otros refranes que también son mentira. Dame pan y dime tonto, por ejemplo.

—Claro, mientras tú estés bien alimentado, debería darte igual lo que te digan, ¿no?, —incide Carmen, cuyos ojos me sonríen.

—Pues no —refuta el *pesao*—, porque yo prefiero que me den pan y no me digan tonto, porque si me van a decir tonto, pues que se queden con el maldito pan, que ya iré yo a la panadería a comprar una barra, que tampoco cuesta tanto.

—O sea, que si tuvieras que establecer un orden de prioridades, primero sería el pan regalado sin insultos, segundo, preferirías comprar el pan y así evitas que te llamen tonto, y tercero, que te regalen el pan con el calificativo de tonto como añadido, ¿no es así? —le digo, haciendo gala de mi capacidad para sistematizar y resumir.

—Bueno, la tercera opción dependería de la coyuntura, es decir, de lo necesitado o no que esté en ese momento.

—O sea —sentencia Carmen—, ese refrán valdría para *entornos de necesidad*, ¿cierto?

—Creo que sí —dice el ingeniero, algo confuso.

Carlos me lleva del brazo a otra parte de la fiesta y me comenta que la próxima semana estarán aquí su mujer y su hijo. Me invita a comer, sin precisar el día. Ya me llamará. También me recuerda que ha llegado un nuevo lote de libros a la biblioteca del instituto, que a ver si me paso por allí.

Me presentan a un diplomático de la Unión Europea que se llama Miguel y charlamos sobre aspectos superficiales relacionados con mi trabajo en el consorcio. También tratamos algunos detalles sobre *Solidere*, la sociedad vinculada al primer ministro Hariri, empresa encargada de la reconstrucción de *downtwon*. Está convencido de que el traslado de la sede del Cervantes a su nueva ubicación, en el corazón de la ciudad, va a suponer un importante crecimiento en el número de matrículas. Miguel no parece un diplomático, sino un político. Aunque, pensándolo bien, la diplomacia es política en estado puro. Carlos sostiene que muchos libaneses cristianos no van a Hamra porque es un barrio musulmán y la división entre zonas cristianas y zonas musulmanas está muy presente en el corazón de la gente. Pienso en el corazón de la gente y al poco rato me marcho de la fiesta.

Hay mucho que aprender en este planeta

Mi padre está en Chipre. En una hora vuela hacia Beirut. Estoy aquí enfrente, ¿dónde nos vemos?, pregunta divertido. No le veo la gracia. Los encuentros con mi padre son así, fugaces, sorprendentes, absurdos y, sobre todo, distantes. No, no le necesito. No suelo hablar mucho con él ni él conmigo. No es un reproche, no me quejo. La vida me ha venido así y la acepto. Escribir esto no me consuela, pero me hace bien. Alguien podría decir que es un mal padre, un sinvergüenza, un irresponsable. No llegaría yo hasta tales afirmaciones. Creo que él no es consciente de su comportamiento. O mejor explicado: no tiene un referente o modelo de lo que debería ser (y por tanto, de cómo actuar) un supuesto buen padre. Ni tan siquiera percibe de lejos el daño que haya podido ocasionar con sus desplantes y ausencias. Ha sido generoso en lo económico, pero no me vale. Si tuviera que sentirlo por alguien, sería por mi madre, pero de eso hace ya mucho tiempo. Está olvidado. Mi madre disfruta de una vida placentera, infinitamente más placentera de lo que habría logrado en compañía de este hombre que ahora me telefonea. Siempre hace lo mismo: me llama de pronto, da igual que haya pasado una semana o un año, para decirme que en unas horas nos vemos.

Se ha asociado con un señor de Murcia, cuenta. Cómo no lo voy a conocer, trabajé con ese tipo cuando estudiaba en la universidad. No creo que sea necesario hacérselo saber, para qué. Han estado en Turquía. Asuntos relacionados con cementerios y hornos crematorios. Ya, el futuro, ¿a que sí? El último que me habló del futuro en los negocios fue Fran, y ahora está en la cárcel, al igual que el gerente de urbanismo de Marbella. No deseo que mi padre termine en la cárcel. Es listo y no parece un desgraciado. En la cárcel hay muchos desgraciados. También hay listos, pero no están todos los que son. Ser listo no es delito.

Se encuentra bien de salud. Dice que ahora no vive con ninguna mujer, que la última le engañó y no sólo en lo sentimental, también en lo monetario, y «eso sí que duele». Baja el tono de voz cuando confiesa lo que sufre con el «dolor monetario causado por una mujer». Prosigue hablando de mi madre. Me desagrada escucharlo, pero debo soportarlo. Dice que mi madre está perfectamente. ¿Sabrás tú lo que es perfecto?

—De vez en cuando la telefoneo. Su actual marido es buena persona, un poco bobo, pero buena persona.

Miro a través de la ventana: muchos coches y mucho ruido.

—¿Es cierto que hablas con mamá?

—Claro, qué te crees. Si te lo digo es porque es así. Yo soy un caballero —afirma.

Lo que dice mi padre no siempre es así; y mi padre no es un caballero, pero no gano nada revelándole la verdad. La verdad no es absoluta. Lo miro a los ojos y pienso: no eres un caballero, eres un cretino, y no eres tan listo como te crees. Es imposible que adivine mis pensamientos, pero por un momento me da la impresión de que algo sospecha. Pienso en las ventajas y los inconvenientes, los pros y los contras, la vida, ese árbol de decisión que nos obliga a tomar caminos alternativos que conducirán a resultados inciertos.

Antes de despedirme le pregunto si ya no le interesan los ovnis. Me dice que no, que hay tanto que aprender en este planeta, que para qué esforzarse en buscar otros seres, otros universos, otros mundos. ¿Por qué me lo preguntas? Por nada, por nada. Durante el trayecto hacia el aeropuerto no deja de opinar sobre los diferentes modelos de coches que vemos circular por la autopista. Me habla de motores, cajas de cambio y se interesa por las importaciones de automóviles en el Líbano. No tengo ni idea, cuestión zanjada. Como pueden suponer, desconecto, oigo un murmullo, un zumbido lejano que no va conmigo. Cuando facturamos el billete de embarque me pregunta si yo sé algo de bolsa.

—Soy un experto en mercados financieros y he ganado mucho dinero asesorando a cierta gente —le miento.

— ¿Te atreverías con unos ahorros que tengo? Quiero diversificar mis inversiones.

—Abre una cuenta corriente en un banco *on line* y me das las claves, yo operaré en tu nombre.

—Vale, me fío de ti. Si ganamos, la mitad para ti y la mitad para mí.

—¿Y si perdemos?

—No perderás, se te ve: tienes pinta de listo… ¿*Onlain*, dijiste?

—No te preocupes por eso. Te mando un correo con todo lo que tienes que hacer.

Le tendría que advertir que no soy tan listo como la gente piensa, pero guardo silencio.

Al traspasar la cinta de seguridad se vuelve y me dice adiós con la mano. Yo, como si se tratara de un acto reflejo, levanto el brazo y le saludo.

El camino de la contabilidad

Me acerco a la librería Antoine, una de las más concurridas de Beirut, en pleno corazón de Hamra. Los libros de R forman una pequeña montaña muy bien alineada. Son parte de una cordillera. Todas las montañas que forman la cordillera pueden ser localizadas en miles de librerías de todo el mundo. En alguna cuenta corriente (dispondrá de muchas) se estará produciendo en este mismo instante un abono en concepto de derechos de autor. La contabilidad se fundamenta en la partida doble, un sistema de entradas y salidas ideado por un fraile del siglo XVI llamado Luca Pacioli. El extracto bancario que llega al administrador de la fortuna de R presenta dos columnas: debe y haber. El contable de la librería Antoine también maneja un sistema de anotaciones basado en dos columnas, de ahí lo de la partida doble. Los ingresos recaudados por la venta de los libros reflejan un ingreso de libras libanesas que se contabilizará en el banco de la librería Antoine. Veamos qué itinerario sigue el cobro de los derechos de autor: una salida (haber) en la contabilidad de la librería, una entrada (debe) en la contabilidad de la distribuidora,

una salida (haber) en la contabilidad de esa misma empresa por el neto que corresponda a la editorial, una entrada
(debe) en la cuenta corriente de la editorial, una salida
(haber) por el pago a la autora en concepto de derechos
de autor, una entrada (debe) en la cuenta bancaria de R y
una salida (haber) cuando R decida disponer de dinero
en efectivo o quiera realizar alguna transacción o pago.
Debe, haber, debe, haber… siempre en equilibrio. La contabilidad es una herramienta que requiere orden, una cadena de eslabones formados por apuntes que deben estar
cerrados en todo momento. La suma de la columna de la
izquierda tiene que coincidir con la suma de la columna
de la derecha. No olviden nunca esa regla máxima.

Vuelvo a casa. El camión recolector de basura hace una
parada en la esquina. Los operarios de limpieza, equipados con un mono de color naranja, mueven los contenedores metálicos y los sitúan en la boca de la tolva. El camión
emite un rugido, como de tigre hambriento, y devora la
basura. El motor tiene una respiración quebrada que se
mezcla con las bocinas de los coches. Parecen alaridos de
pájaros quemados. Apoyado en la barandilla, desde el bal-
cón de mi apartamento, observo y pienso. Miro el reloj.
Vuelvo al salón, me siento en el sofá y anoto algunos recuerdos de mi niñez.

*El panorama era tremendo. Había bolsas de basura abiertas
por todas partes, con residuos esparcidos por las calzadas y las
aceras, obstaculizando el paso de los coches y hasta de la gente.*

El mercado de valores es un niño caprichoso de difícil
predicción. Sufre vaivenes, hacia arriba y hacia abajo, y no
siempre conocemos el porqué de esos movimientos. Los
datos contables de las empresas ofrecen unos indicadores
que hablan de activos, facturación, gastos de personal, már-

genes comerciales. Podría auscultar el *cuerpo* de Iberia y emitir un diagnóstico. Si analizo objetivamente el valor de Iberia, deduzco que el precio al que cotiza en estos momentos es injustamente bajo. Pero, ¿quién se atreve a pronunciar la palabra *justicia* cuando abordamos el asunto de los mercados financieros? El precio será el que los compradores y los vendedores quieran que sea.

Enrique Iglesias actúa esta noche en Beirut. La entrada cuesta cien dólares, pero yo jamás pagaría un solo dólar por presenciar una actuación de ese joven. Ni gratis. Sin embargo, entiendo que haya gente dispuesta a abonar ese precio, incluso uno superior. ¿A cuánto asciende la plusvalía de Enrique Iglesias? Se admiten comentarios.

Me llama Carmen. Tiene entradas para el concierto de Enrique Iglesias. ¿Te gusta Enrique Iglesias? ¿Te gustaría venir conmigo? ¿Que si me gusta Enrique Iglesias? Por supuesto que me gusta. ¿A qué hora me recoges?

Que hubiera pasado si...

Ayer descubrí una tienda, un supermercado, no lejos de casa. Tienen jamón york envasado, raciones de lonchas bien dispuestas en paquetes de plástico. La cajera, con esa especial delicadeza que guardan los musulmanes cuando tocan el cerdo, sostiene el recipiente con dos dedos en forma de pinza, y en su expresión se vislumbra una levísima mueca de desagrado, como disculpándose ante el Corán. La chica es de una belleza singularmente escandalosa, y eso que no se descubre totalmente la cabeza. Esa costumbre de ocultar el pelo...

(Sobrasada, sí. Ahora me comería un bocadillo de sobrasada, pero ¿quién pierde el tiempo buscando sobrasada por estos lares?)

Noticias de Amanda. Abandona la política. Nuevo empleo. Trabaja en una editorial, en el departamento de producción. Bueno, también realiza labores de marketing, en particular, promocionar los libros que salen al mercado, contactar con periodistas que escriben reseñas y programas de radio especializados. Es una editorial técnica: informática, medicina, *management*, pero quieren ampliar horizontes. Van a lanzar una nueva colección de narrativa empresarial y ella será la responsable. Además, los socios le han propuesto participar en el capital social. A Amanda todo esto le parece interesantísimo. Me sorprende el cambio brusco que le ha dado a su vida profesional. Hace unos meses, en ambientes políticos, y ahora este trabajo que, con toda probabilidad, estará peor remunerado. Ella confía en las posibilidades futuras del negocio. Me apetecería mucho volver a verla.

¿Que si entiendo de bolsa? Lo suficiente para comprar y vender. Mi padre me tiene en alta estima y yo no le voy a contrariar. Ya tenemos la cuenta de valores, ya podemos operar, a ver qué tal va la cosa. Total, el dinero no es mío.

En la vida resulta muy difícil, probablemente de los asuntos más difíciles, saber qué queremos ser, qué queremos hacer, hacia dónde queremos ir, como queremos orientar nuestro camino. ¿Qué aspectos de nuestras vidas pueden ser decididos y qué depende de factores aleatorios? En la película *Dos vidas en un instante,* la protagonista corría apresurada para tomar el último metro que la habría de llevar a casa. De repente, la acción se divide en dos: lo que hubiera pasado si logra subirse en el tren, y las desventuras que habría vivido si se hubiera quedado en el andén. ¿Qué pasaría si decido vender mis acciones de Iberia? ¿Las mantengo en cartera hasta que el tiempo escampe?

El tiempo, hoy como ayer, se muestra desapacible.

Primeros movimientos en bolsa

Paseo a muy tempranas horas por el centro de Beirut, al amanecer, poco antes de llegar a mi despacho, deambulo por las calles, sin una dirección precisa, sin prisas. José Luis Sampedro hacía algo parecido antes de iniciar su jornada laboral. En *Escribir es vivir* nos explica: «Voy andando, paseando por la calle, y de pronto me detengo, me siento en un banco y me quedo ahí quieto un buen rato, sin hacer nada».

No hay nadie aún en la sala principal. Debería encender el ordenador, revisar los correos electrónicos y los titulares de los periódicos digitales, pero no; abro el cajón derecho, extraigo *El país de nieve* y leo. Es una novela que trasmite sosiego, lo ideal para estos momentos. Los libros te proporcionan casi todo lo que uno necesita en la vida. Dice Mario Vargas Llosa que «los buenos libros son, además del mejor entretenimiento, una fuente incomparable de placer, un alimento gracias al cual la vida cotidiana, aun en manifestaciones más pedestres o rutinarias, puede ser mejor y vivida con más entereza y lucidez». El libro de Yasunari Kawabata me lo regaló Amanda, poco antes de partir al Líbano. Es su autor preferido.

Recuerdo que en mi primer vuelo a Oriente Medio llevaba a mano *La fiesta del Chivo* y, casualmente, en la terminal de Barajas me encontré con su autor. ¿Qué creen que hice entonces? Le solicité un autógrafo. Era la primera vez que pedía un autógrafo, y la tercera vez que estrechaba la mano de un escritor.

—Señor Vargas Llosa ¿me firma su libro, por favor?

—Cómo no —respondió educadamente.

A partir de las nueve de la mañana (hora española) me enfrento a la pantalla del pecé y observo los primeros movimientos de la bolsa de valores. Soy un especulador, practico el *trading*, la compra-venta en el muy corto plazo. Varias operaciones en una sola sesión, en el intradía. Mi punto de referencia es la cotización de la jornada. Empieza el mercadeo con un ligero repunte al alza que se mantiene unos minutos. No sé si la tendencia que se describe en estos primeros instantes será una muestra representativa del comportamiento futuro. De repente, el valor se precipita por un barranco de escarpadas cumbres.

La lectura de los diarios económicos me perturba. Acabo de ver un titular con la terrible palabra: «pánico». Me podría lanzar del tren en marcha, pero creo que he de esperar. Entro en los foros financieros y la prepotencia de algunos internautas, con ese *derroche de sabiduría*, me descorazona. Un analista emite una *rigurosa* prospección sobre Iberia. El panorama es sombrío. Habrá que activar el *stop loss*, algo así como la línea de alarma: o sea, se encienden las luces y suenan las sirenas cuando el valor baja hasta un precio determinado. En ese caso, se sugiere que acudan presurosos a la salida de emergencia y vendan antes de que el fuego arrase con su cartera. Me viene a la memoria la película *Dos vidas en un instante*.

Los compañeros están llegando. Abdullah me da los buenos días: *Sabah el Her.* Oigo comentarios imprecisos sobre la liga de fútbol y algún reportaje de TVE internacional. Las obras marchan a muy buen ritmo. Hoy me reuniré con los ingenieros. Vamos a consensuar la estrategia que nos permita presentar un nuevo modificado de obra. Otro incremento de un siete por ciento. Hay quienes son partidarios de llegar hasta el diez por ciento, quizá tocando «algunas teclas del piano». Al hablar de teclas, me acuerdo del piano de Hellen y de su hermana Margaret, mis profesoras de inglés. El otro día estuve en el Casino du Liban. Es muy distinto al que existía cuando Hellen y Margaret vivían en Beirut, sin duda. Había muchos hombres acompañados de espectaculares mujeres, dispuestos a dilapidar billetes de cien dólares en la ruleta francesa o el póker. Una parte de las ganancias irán al Estado, que presiona finalmente sobre esta clase de negocios; pese a todo, los beneficios generados son muy respetables. ¿Pueden ser respetables los beneficios? Marx me niega con la cabeza.

Delante de la pantalla

Rebote. Si tiramos un gato por la ventana, algo hará el animal para no aplastar su cuerpo contra el suelo, pero los gatos muertos, de eso estoy convencido, no rebotan. La jornada de ayer fue de rebote. Fin del túnel, me dice la voz de la conciencia, tan optimista como siempre. A eso del mediodía, las noticias apuntaban hacia indicadores macroeconómicos optimistas o, para ser más exactos, menos malos de lo esperado: producción industrial, viviendas construidas, obra pública, ocupaciones hoteleras, consumo energético, cosas así. Luego leo que la emisión de bonos preferentemente convertibles ha sido todo un éxito. Lehman Brother, el hermano Lehman, es un banco que logra colocar cuatro millones de dólares sin problemas. ¿Quién dudaba de su solvencia? ¿Quién ponía en entredicho su estado de salud? Los inversores confían, y si hay confianza hay negocio. Los bonos, esos títulos tan sosos y poco aventureros, ofrecen una rentabilidad fija; al final, la gente volverá a las andadas, es decir, al parqué, que es más arriesgado pero más rentable (aunque también más volátil), de ahí la denominación de renta variable. Se producirá una estampida, provocando la llegada masiva de dinero a la bolsa. La rentabilidad de los bonos subirá. ¿Una explicación? La gente vende bonos y se desplaza a la bolsa. Y si venden, el precio de los bonos bajará (sube la oferta, cae el precio). Para mantener la rentabilidad intacta, el interés de los bonos tendrá que subir. Debe existir una misma proporción entre numerador y denominador, si el precio de los bonos sube, su interés baja, y viceversa. Y en cuanto al mercado de divisas, observo que los inversores se están enamorando del dólar, y cuando uno muestra cariño, Cupido lanza las flechas del amor y el precio de la divisa se aprecia.

Interpretando los gráficos en pantalla aparecen patrones de cabeza y hombros invertidos. Se rompe la línea de resistencia y nos preparamos para un viaje de largo recorrido. La directriz alcista se confirma, dice el analista. Los *bears*, los osos, los bajistas, seguirán en su eterno combate contra los *bulls*, los toros, los alcistas. El analista desea que sus predicciones se cumplan. Y si no es así, ya buscará alguna justificación. La cuestión es decir algo que suene coherente. La economía es coherente porque todo tiene una explicación. Hasta la irracionalidad es justificable.

El comportamiento de las acciones en estos primeros minutos de hoy martes es bastante estable. La cotización va de dos coma cincuenta y uno a dos coma cincuenta y dos, sin apenas alteraciones significativas. La línea del gráfico dibuja una recta horizontal, con un diente o repunte, como una solitaria colina puntiaguda que de vez en cuando aparece en el paisaje. Los cambios en el precio se reflejan cada diez o doce segundos. Ahora observo dos recaídas momentáneas hasta alcanzar los dos coma cuarenta y ocho. ¿Será una señal de tendencia bajista? Esos gráficos, ¿me alertan de algo? A la izquierda de la pantalla compruebo la evolución de todos los valores del IBEX. Son treinta y cinco cotizaciones que muestran destellos cada vez que se produce un lote de intercambio. En amarillo, cuando el precio del valor no cambia; en rojo, cuando baja; y en verde, cuando sube. Cierro los ojos y al abrirlos veo todo rojo o todo verde. El amarillo es imperceptible. Llevo perdidos más de tres mil euros. Bueno, he de ser preciso con esta afirmación. No es así. Lo perdería si decidiera vender. Ahora sólo contabilizo minusvalías no materializadas. La clave está en saber cuándo debo salir de esta tormenta que me agobia. El otro día estuve a punto de enviar una orden de venta. La cotización marcaba por encima del dos coma sesenta, pero tengo una amiga llamada *ambición* que me sugirió que esperara.

Necesito un respiro (tal vez usted también). Salgo del despacho para realizar unas gestiones en la oficina comercial. Vuelvo a la hora y media y el valor ya había descendido hasta los dos coma cuarenta y dos. Ahora se encuentra en torno a los dos coma cuarenta y siete. Quiero pensar que ciertos inversores, no sé, *brokers* que lideran fondos de inversión, o un grupo de accionistas con una participación relevante en la sociedad, estarán delante de la pantalla y, como yo, también sienten preocupación por la marcha de Iberia. A ver si esta gente emite órdenes de compra y alcanzamos los dos coma cincuenta, hombre. Eso es lo que quiero pensar, pero lo que yo quiero pensar no es más que un simple deseo. ¡Qué poco valor atribuimos a los deseos en este mundillo financiero!

Las ventajas del comercio internacional

Los despachos guardan silencio. Mis compañeros ya se han marchado. Son las dieciocho horas. Sigo empeñado en reflejar mis incidencias bursátiles sobre este cuaderno que me ha regalado Carmen. (Me pregunto cuál es el criterio que he de seguir para determinar si ciertos episodios de mi vida merecen ser registrados por escrito y, en cualquier caso, cuáles deberían ser retenidos en mi memoria, pero no hallo respuesta). ¿Me dejarás leer tus cosas algún día? Puede, le contesto a mi amiga.

Carmen comenta la última novela que ha leído. Se titula *Seda* y es de un autor italiano, Alexandro Baricco. El protagonista se llama Hervé. Todos los años, a principios de enero, recorre mil seiscientas millas de mar y ochocientas de tierra para llegar a Japón, donde compra huevos de gusanos de seda. Los viveros europeos no producen lo suficiente, hay escasez a causa de las epidemias. En abril Hervé regresa a Lavilledieu, un pueblo del sur de Francia, allí trabaja dos semanas más para preparar los huevos que finalmente venderá a los industriales textiles de la región.

El comercio internacional y la ley de las ventajas comparativas de David Ricardo pueden ilustrarnos algo más. En un mundo abierto, buscamos bienes y servicios en aquellos lugares donde mejor y más barato se producen. David Ricardo expuso su teoría de las ventajas comparativas para que gente como el protagonista de *Seda* pudiera aprovecharse con cierto fundamento de las fronteras abiertas. Cerrar puertas al comercio internacional o aplicar gravámenes sobre bienes y servicios importados constituyen medidas económicas ineficientes, porque, de una u otra forma, estamos encareciendo el producto, desaprovechamos lo que otros hacen mejor, nos alejamos del óptimo de Pareto, ¿les suena? Los economistas hemos de tener muy en cuenta lo que nos enseñó Wilfredo Pareto: la eficiencia económica implica asignar los recursos mediante una combinación perfecta, lo que implica llegar a un punto en donde no sea posible mejorar sin que alguien pierda. Un concepto excesivamente teórico pero útil para imprimir sensatez a todas nuestras decisiones. El óptimo de Pareto dará lugar a una curva cóncava denominada frontera de posibilidades de producción, donde se combinan múltiples y eficientes alternativas a lo largo de toda la línea. En los clásicos manuales de economía se ilustra el ejemplo de los cañones y la mantequilla. En época de guerra, los gobiernos destinan gran parte de sus presupuestos a la industria militar (cañones) en detrimento de otras necesidades básicas de la población civil (mantequilla).

El tres de mayo de mil novecientos cuarenta y cuatro, Ana Frank escribía en su diario:

> *Por qué se construyen en Inglaterra aviones cada vez mayores, con bombas cada vez más pesadas y, al mismo*

tiempo, casas prefabricadas para la reconstrucción? ¿Por qué se gasta cada día millones en la guerra y no hay céntimo disponible para la medicina, los artistas y los pobres? ¿Por qué hay hombres que sufren hambre, mientras que en otras partes del mundo los alimentos sobran y se pudren?

El óptimo de Pareto garantiza la mejor alternativa económica, pero, ¿cuál es la mejor alternativa social?

Adam Smith habló de la especialización en la cadena de producción y puso el ejemplo de los alfileres: unos cortan los alambres, otros forman la cabeza, otros afilan. Deberíamos especializarnos y producir lo que mejor nos convenga. Si no es así, estaríamos despilfarrando recursos y Pareto se podría enfadar.

La felicidad como fuente de energía

Comida en casa de Carlos, administrador del Instituto Cervantes. Su hijo ve *Monstruos SA*, uno de los grandes éxitos de la productora Píxar. El protagonista trabaja en una factoría que genera electricidad. Los monstruos constituyen el principal factor de producción de la empresa. Cada noche, entran en los dormitorios de los niños y los asustan. Las reacciones de cientos de niños generan energía que es reconducida a través de complejos dispositivos, transformándose inmediatamente en electricidad. El departamento de distribución se encargará de repartir el suministro eléctrico, desde la planta de producción hasta los diferentes puntos de demanda. Los sustos son una fuente de energía, también lo son el calor generado por la combustión de petróleo, carbón o gas natural, la fuerza motriz del agua o del viento y la fisión nuclear del uranio. Durante la comida charlamos acerca de la dependencia del petróleo y las fluctuaciones en los precios del barril. Coincidimos en nuestros puntos de vista. Hay una excesiva vinculación con países sometidos a regímenes políticos inestables. En Líbano, la inmensa mayoría de los edificios cuenta con grupos electrógenos que autogeneran electricidad. La compañía Electricité du Liban es incapaz de asegurar el suministro eléctrico con garantías de continuidad: una de las graves consecuencias de una guerra civil que aún está muy presente. Un mundo en el que no haya necesidad de recurrir al petróleo y al gas, como el que se narra en *Hola América*, la novela de J. G. Ballard, es una utopía. Como en tantos países asiáticos, y con independencia del nivel de desarrollo económico, es muy habitual ver cientos de antenas parabólicas en balcones y azoteas. Eso sí, ¡que la televisión no falte!

Laura, la mujer de Carlos, nos ilustra sobre las posibilidades que ofrecen las energías alternativas. Es una mujer pragmática y bastante solvente defendiendo sus planteamientos. Laura es partidaria de la energía nuclear. Aún estamos lejos de que el sol y el viento sean fuentes energéticas alternativas. Sabemos que los intereses de las grandes compañías eléctricas nos impiden avanzar en ese campo. Controvertido e interesante asunto el que expone Laura, física de profesión y empleada en el CIEMAT, un organismo que depende del Ministerio de Industria. Actualmente disfruta de una excedencia por cuidado de hijos. Ella lo vive como si se tratara de un año sabático, aunque de sabático nada, que el trabajo en casa no falta.

Con los cafés, cambio de tema. Carlos me cuenta la estrategia de publicidad que pretenden desplegar ahora que, por fin, disponen de un flamante instituto, con instalaciones modernas y muy bien localizadas, en pleno *downtown*. Habla de marketing, su tema preferido. El marketing no es sólo publicidad, afirma. Carlos hace referencia a las cuatro pes: *product, price, place* y *promotion*. El producto del Instituto Cervantes es la enseñanza del español, la celebración de eventos culturales (música, teatro, cine, conferencias, exposiciones) y las bibliotecas, con su servicio de préstamo de libros y películas. El diseño de un producto atractivo representa el primer eslabón de la cadena de marketing. La determinación del precio es el segundo factor a tener en cuenta. Las tarifas del Instituto son diferentes en función del lugar o del tipo de curso que se ofrezca. En Beirut, me apunta Carlos, se tienen muy en cuenta los precios que cobra el British Council, la Aliance Francais, el Instituto Italiano o el Goethe, posibles competidores del Instituto Cervantes. La distribución del producto (*place*) se identifica con la decisión de abrir nuevos centros en diferentes ciudades del mundo. Se atiende a las necesidades de la demanda y a la proyección del español en cada país, aunque en el caso del Cervantes prevalecen también criterios de naturaleza política. Por último, la promoción, lo que todos conocemos como comunicación y publicidad: un anuncio insertado en el *Daily Star*, un spot de televisión, un folleto, una cuña que se emite en la radio tres veces al día, y así.

Al final de la película *Monstruos*, descubrimos que la risa, la alegría, la felicidad, son mejores fuentes energéticas que los sustos, el miedo, la tristeza.

El peor de los pecados

—Lo suficiente para no tener que pensar más en el saldo de la cuenta corriente —le digo cuando me pregunta cuánto desearía ganar en el nuevo destino que me proponen.

—Que pienses o no en la cuenta corriente depende de muchos factores y no sólo de las cifras que arrojen tu saldo.

El director de Recursos Humanos se levanta y se aproxima a la ventana. Afuera, el cielo es gris y los coches inundan todos los carriles de la Castellana.

—Aun así, no sé si sería el empleo que me conviene en esta etapa de mi vida.

(En el capítulo segundo les prometí hablar de la gente que trabaja, ¿recuerdan? La novela de Lorenzo Silva *La flaqueza del bolchevique,* también adaptada al cine por el director Manuel Martín Cuenca, describe las diferentes categorías que integran el mercado laboral. En la cúspide de la pirámide se encuentran los *budas,* personas que nada tienen que temer porque su empleo está perfectamente asegurado. Disfrutan de horarios flexibles, reducidas jornadas de trabajo y grandes ventajas sociales. Representan el treinta por ciento del total. A continuación nos encontramos con los *eventuales de mierda*, ya se pueden imaginar, pringaos cuyo puesto de trabajo siempre está en el aire. Sus nóminas reflejan penosísimas retribuciones y no hay quien les baje de las doce horas diarias de dedicación. Alcanzan las cuatro quintas partes del resto, es decir, un cincuenta y seis por ciento. Finalmente contabilizamos al catorce por ciento restante: los *soplapollas*. Estos ganan más que los *budas*, pero trabajan más que los *eventuales de mierda*. Viven en primera línea de playa... playa de desembarco, quiero decir, o sea, puteados. Viajan mucho, disponen de tarjetas de crédito (y de visita) a cargo de la empresa, y de vez en cuando, muy remotamente, disfrutan de tres días de esquí o realizan algún viaje a un exótico paraje. Por supuesto, no ven a sus hijos porque, cuando ni *eventuales* quedan en las oficinas y los *budas* juegan con sus niños en la alfombra (a lo mejor ya los han acostado, después de un dulce beso de buenas noches, y ahora saborean un güisqui frente al televisor) los *soplapollas* están dedicados en cuerpo y alma al «puto informe de los cojones»).

De espaldas a mí, el director interrumpe mis cavilaciones y prosigue con su tema:

—Hay multimillonarios que duermen con fajos de billetes debajo de la almohada, como si atesoraran sueños, pero son sueños letales que te impiden descansar en paz y ser feliz.

—¿Sueños letales? —le pregunto.

Aparece el reflejo de Jorge Luis Borges sobre el cristal de la ventana: «He cometido el peor de los pecados que un hombre puede cometer: no he sido feliz», me susurra.

El director de Recursos Humanos deja de mirar por la ventana y se da la vuelta. Creo que adivina mi pensamiento. Sin mirarle a los ojos, le comento:

—No aspiro a ser multimillonario. Descanso mal y me gustaría ser feliz.

Me acerco a él y entonces sí, le ofrezco una mirada sincera:

—Pongamos una cantidad que me permita descansar y, a ser posible, ser más feliz que ahora, ¿te parece?

—Me parece. ¿Algo más?

—Sí. Necesito tiempo para pensarlo.

—De acuerdo. Algo de tiempo y más dinero, ¿no?

—Eso es.

Afuera empieza a llover. Tras el cristal apenas se divisan los coches.

Profesor en el Cervantes

Días después de mi fugaz viaje a Madrid me entrevisto con la jefa de estudios. La conocía de alguna que otra ocasión, pero no habíamos tenido la oportunidad de cruzar más de dos o tres palabras de cortesía. He notado frialdad o distanciamiento, pero en general ha sido correcta. Debe de ser su carácter. O puede que no estuviera de muy buen humor. Es sólo una percepción. Nos guiamos demasiado por las percepciones. Le presento una programación del seminario. En principio le gusta, aunque me comenta que lo estudiará con más detenimiento. No creo que haya problemas. Su interés, sobre todo, está en garantizar un mínimo de cuatro matrículas.

—Para cubrir los costes de tus honorarios, al menos —me explica—. El curso ha de ser rentable, son las normas del administrador.

Carlos, que también tiene responsabilidad en otros institutos Cervantes de Oriente Medio, me aseguró que la inmensa mayoría de los cursos que se imparten en Damasco o Ammán no son rentables:

—Se sostienen gracias a las subvenciones que conceden las propias embajadas a favor de funcionarios civiles y militares —me dijo en una ocasión.

—Abordaré episodios de novelas en las que se extraigan enseñanzas de economía —le explico a la jefa de estudios.

—Muy bien, lo que tú quieras. Eso parece interesante.

Si mis primeras clases de economía en la universidad hubieran estado relacionadas con la literatura, todo habría sido más fácil. A ver, no es que me queje de la formación recibida, o sí, tal vez sí. La asignatura de teoría económica, por ejemplo, no me resultó excesivamente complicada, pero he de confesar que otra forma de aprender los fundamentos de las ciencias económicas y empresariales me habría resultado infinitamente más gratificante. Por eso, cuando el administrador del Instituto Cervantes me comentó hace unos días la posibilidad de impartir este seminario pensé que sería mi gran oportunidad: Enseñaré como me hubiera gustado que me enseñaran, y aplicaré todas esas lecturas que, en alguna ocasión, he ido vinculando con los conceptos y las ideas económicas más representativas, me dije.

Ya he impartido algunas clases y he de confesar que estoy disfrutando mucho más de lo previsto. Es probable que los alumnos no sean los más adecuados para mi propósito. Su nivel de español, pese a que han superado todos los cursos establecidos en el programa, no es para tirar cohetes, y tampoco demuestran excesivo interés por las ciencias económicas. En cuanto al conocimiento de los pasajes literarios que aplico como ejemplos, el resultado es desigual: me encuentro de todo. Sin embargo, estas dificultades las resuelvo con decidido entusiasmo y aplicando un original y entretenido método de enseñanza. Esto me hace más feliz aún. Cuando un profesor siente que el alumno conecta, alcanza una categoría de felicidad que no se logra en otras profesiones, dicen los docentes. Mi objetivo diario consiste en transmitir entusiasmo. Es difícil, pero no imposible. Tengo para mí que esta experiencia en el Instituto Cervantes va a ser decisiva en mi vida. A partir de ahora, todo puede ser distinto.

Hoy hemos hablado de los factores de producción y de la productividad. *Las uvas de la ira*, la novela de John Steinbeck, magistralmente llevada al cine por John Ford, me sirve para introducir el tema. Una familia de aparceros de Oklahoma, Arkansas, emigra a California tras ser desalojados de sus tierras. La mecanización del campo provoca la pérdida del empleo en cientos de agricultores. Lo que antes producían quince familias ahora se consigue con una máquina y un tractorista que cobra tres dólares al día. Surgen grandes movimientos migratorios a causa de una mano de obra que ya no se necesita. Los cambios tecnológicos originan el éxodo masivo de los trabajadores. En el oeste de Estados Unidos se precisa un ejército de peones para la recolección de fruta, dicen.

¿Os parece que hablemos de productividad?, les pregunto a mis alumnos. La productividad mide el rendimiento de un determinado factor de producción. Se puede calcular en función de las horas trabajadas por una persona o las horas de funcionamiento de una máquina, por ejemplo. Los economistas medimos la productividad y podemos orientar a los empresarios sobre la mejor forma de mejorar ese indicador. Analicemos ahora el concepto de productividad y el factor trabajo a través de una obra de teatro, *Ana en el Trópico*, de Nilo Cruz. A la ciudad de Tampa, en la península de Florida, acudían muchos inmigrantes cubanos y españoles para trabajar en la industria tabacalera. Con objeto de animar la jornada laboral, era costumbre contratar a un lector que leía novelas, mientras los empleados trabajaban en sus quehaceres. A una de esas factorías llegó un apuesto galán que, con voz cautivadora, comenzó a leer *Ana Karenina*. La hija del dueño se enamora del lector. Otro de los socios de la tabacalera era partidario de invertir en maquinaria nueva. Se mostró contrario a la contratación de ese hombre, por considerarlo un gasto inútil. He aquí dos factores de producción que pueden contribuir al incremento de la productividad (el lector de cautivadora voz o la compra de nueva maquinaria); he aquí dos ejemplos que contribuían como complemento didáctico en el seminario de economía y literatura que impartí en el Instituto Cervantes de Beirut, aquel año de principios de siglo XXI.

Disfrutando de una
nueva etapa

Las empresas que cotizan en bolsa se exponen a los ojos del mercado, de los inversores, de la gente. Pretenden financiarse a través de ofertas públicas de acciones, pero también buscan notoriedad, deseo de significarse, ser relevantes, visibles en todas y cada una de las iniciativas que emprenden. La bolsa es como un escaparate. También es una forma de obtener información financiera. Los accionistas pueden ver revalorizado su capital gracias al libre juego de compra-ventas que se produce en el parqué. ¿Cuánto vale una empresa? La capitalización de los fondos propios a precios de mercado es una buena opción para fijar el valor de una empresa. Multiplicas el número de acciones por su cotización y ya está. Mafalda se interesa por el periódico que lee su amigo Manolito.

—Es la cotización del mercado de valores —le responde.

—¿De valores morales, espirituales, artísticos, humanos? —pregunta Mafalda.

—No, no; de los que sirven.

El Corte Inglés es una gran empresa, pero no cotiza en bolsa, por tanto, ¿cómo fijar su valor? Lo que reflejan los libros contables podría ser una solución. Bien sencillo: el patrimonio neto, o sea, lo que tengo (el activo) menos lo que debo (el pasivo). La actualización de los flujos netos de caja, es decir, una estimación de los rendimientos futuros, actualizados al momento actual, sería la tercera alternativa.

Varios días sin escribir. De los últimos acontecimientos, lo más destacable es que he dejado el trabajo del consorcio de obras y ahora me dedico a la enseñanza del español. La entrevista con el director de Recursos Humanos (ya les conté) no fue como yo esperaba. En vez de tomárselo a mal, me ofrece otro puesto; no cree que yo quiera abandonar la empresa. ¿Quieren una reflexión honesta? Aún no lo tengo decidido, francamente. He vuelto a Beirut. Debo cumplir mi compromiso con el Instituto Cervantes. En fin, creo que disfrutaré de unos meses vacacionales; bueno, no del todo «vacacionales» porque las clases de español constituyen una ocupación, y además remunerada.

Esta mañana subiré hasta la embajada para ver a Carmen. Dice que no hay problema, me inscribirán como estudiante o investigador. El permiso de residencia será de tres meses, tiempo suficiente.

Carmen significa jardín en árabe y poema en hebreo. Tiene una hija de tres años, Sara (princesa en hebreo). Pues sí, debo de tener una especial atracción hacia las mujeres con hijos, o al revés. Por la tarde me siento en una de las terrazas de Maarad Street, a escasos metros del Instituto. Llamo al móvil de *Jardín*. Pásate por aquí, te invito a una cerveza, le digo. Sólo por poco tiempo, que he de recoger a *Princesa* de la guardería, ha contestado *Poema*. Observo a dos militares que fuman y hablan sin parar. La seguridad de esta zona no es muy fiable, por mucho uniforme mimetizado que vistan o fusiles cortos que porten. No están atentos. Un buen agente de seguridad debe estar siempre atento, me lo ha dicho Paco, mi amigo de la infancia. Paco es guardia de seguridad. Ha tenido muchas ocupaciones, y la última, dice que la definitiva, como jefe de seguridad en un gran área comercial, en Madrid, donde vive con su mujer y sus tres hijos. Dentro de unos años dejará el trabajo de campo para dedicarse a la formación, me confiesa. Tiene experiencia y aptitudes para ello. Su empresa lo trata bien, dice. Cada vez que tengo oportunidad, me encuentro con Paco y charlamos un rato, como el otro día, cuando mi fugaz visita. Me gusta escucharle y comprobar que su filosofía de vida es más sencilla y práctica que la de otra mucha gente, aparentemente más compleja e interesante. Ni *buda*, ni *eventual de mierda*, ni *soplapollas*, de eso estoy convencido. Es difícil establecer definiciones.

Los militares libaneses están por todas partes. En esta zona de la ciudad suelen celebrarse manifestaciones, sobre todo frente al edificio de la ONU, o en la explanada, detrás de las mezquitas. Un lustrabotas me ofrece sus servicios y le digo que no, gracias. En Líbano, la negativa se expresa abriendo los ojos y arqueando mucho las cejas. Carmen ya está aquí. Cerraré mi cuaderno de notas.

Las divisas

Alma Hubber, una de mis alumnas, trabaja en el departamento de divisas de un banco. Ayer por la tarde me invitó a su apartamento y nos divertimos mucho con *El mago de Oz*, una maravillosa película que ya había tenido ocasión de ver anteriormente en un cine de verano, cuando era niño. Lamentablemente, en Almería ya no hay cines de verano, como tampoco los hay en Líbano, que yo sepa.

Le explico a Alma el verdadero significado de la película.

Tras la guerra civil norteamericana, los estados del sur quedaron asolados y la economía atravesaba una crisis de terribles consecuencias. Los granjeros se empobrecieron porque el papel moneda que emitió la Confederación dejó de tener valor. Tuvieron que solicitar préstamos a los bancos, pero mientras el precio del oro subía continuamente, el valor de sus productos agrícolas bajaba. Cada vez les costaba más amortizar la deuda. Algunos políticos populistas, como la oradora de Arkansas Leslie Kelsey, propusieron reformar el sistema monetario permitiendo la emisión de moneda, no sólo en función de lingotes de oro, sino también de plata. De esta forma no estarían tan a merced de la gran banca. Hemos de recordar que durante mucho tiempo el sistema monetario, denominado patrón oro, se basaba en la convertibilidad en oro de todos los billetes y monedas que emitían los bancos centrales. Pero poco a poco, esta norma fue haciéndose cada vez más difícil de cumplir. En mil novecientos setenta y tres Estados Unidos declaró públicamente que el dólar no era convertible, hecho que en la práctica venía siendo así desde muchas décadas atrás. A partir de entonces, la oferta monetaria de los países no volvería a depender jamás de ningún metal precioso.

L. Frank Baun es el autor de la novela *El maravilloso mago de Oz*, una sátira con tintes políticos y económicos muy al estilo de la época, como por ejemplo *Los viajes de Gulliver*, de Jonathan Swift. La encantadora Dorothy, personaje quizá inspirado en la ya citada Leslie Kelsey e interpretado en el cine por la jovencísima Judy Garland, venía a representar a una granjera de Kansas, el prototipo de ciudadana rural. En la novela, los escarpines mágicos son de plata (aunque en la pantalla, para darles más realce y vistosidad, optaron por caracterizarlos en color rubí), lo que implica una inequívoca metáfora que hace referencia al *bimetalismo* propuesto por muchos políticos del sur. En Ciudad Esmeralda, gobernada por el mago de Oz, los ciudadanos estaban obligados a usar anteojos de color verde, como los dólares, y las bisagras de las puertas eran de oro, evidentes referencias al sistema monetario imperante. El espantapájaros responde a los granjeros arruinados, mientras que el hombre de hojalata es una alegoría de los trabajadores de la industria. El mago de Oz representa el poder del partido republicano, mientras que el león cobarde sería el trasunto del político Willian Jennings Bryan, quien finalmente despertaría de la trampa del patrón oro. En la realidad, este senador fue derrotado por el republicano (quizá el mago de Oz) McKinley en las elecciones presidenciales de mil ochocientos noventa y seis y mil novecientos.

Al final de la historia todo se soluciona: el león (el senador del partido demócrata) ya no es un cobarde, sino un astuto líder que derrotará al mago de Oz (los republicanos y su sistema monetario basado en el patrón oro) gracias a una *herramienta bimetálica* (emisión de billetes y monedas en función de los dos metales): un hacha dorada con las hojas de plata.

Alma me explica cómo funciona el sistema monetario de su país. Su moneda oficial es la libra libanesa, aunque el dólar también circula con regularidad y es aceptado por los ciudadanos, que acostumbran a realizar transacciones también con esta divisa. Pagas con un billete de veinte dólares y te devuelven con su equivalente de libras; al revés es más difícil que suceda, pero no imposible. El cambio es fijo: un dólar equivale a mil quinientas libras libanesas. El Banco Central del Líbano cuenta con muchas reservas de dólares, lo que garantiza el mantenimiento de una cotización estable. Una depreciación, o lo que es lo mismo, un encarecimiento del dólar respecto de la libra libanesa (por ejemplo, un dólar a cambio de mil quinientas cincuenta libras libanesas, cincuenta céntimos más), sería perjudicial para las importaciones, aunque no así para el turismo. Comprar productos americanos (o cualesquiera otros valorados en dólares) resultaría más caro porque el tipo de cambio ha subido. Para los turistas, sin embargo, visitar Líbano sería más atractivo, más barato, ya que obtendrían más libras libanesas a cambio de dólares.

Gracias a las intervenciones de los bancos centrales logramos mantener el valor de una divisa. Una moneda extranjera se aprecia o se deprecia en función de otra moneda. Si la presión recae sobre el dólar, o sea, si los libaneses demandan dólares, el Banco Central empleará sus reservas para compensar, manteniendo así la paridad establecida. ¿Cómo? El Banco Central oferta dólares, o lo que es lo mismo, demanda libras libanesas para que el precio no varíe. Si uno tira para un lado, el otro tira para otro. Es la ley de la oferta y la demanda aplicada a las divisas. Las fuerzas deben equilibrarse; ese es el secreto de toda política monetaria. Líbano puede garantizar este sistema de equilibrios porque cuenta con importantes reservas, provenientes sobre todo de países del Golfo Pérsico, donde abundan los *petrodólares*. Los compradores de barriles de petróleo pagan en dólares a países productores como Arabia Saudí, los Emiratos Árabes Unidos o Qatar; luego, esos *petromillonarios* invertirán en Líbano, entre otros países, de ahí que el Banco Central disponga de un muy significativo nivel de reservas.

El comandante Khalaf, otro de mis alumnos, es un tipo realmente agradable. De conversación fluida y amena, le gusta tratar sobre jardinería, música pop, el precio de las frutas y verduras y los deportes acuáticos. Nunca se pronuncia sobre temas políticos. Khalaf está divorciado de una mujer española y tiene una hija, Nuur; las dos viven ahora en Madrid. Khalaf echa de menos a Nuur. La expresión refleja un sesgo de amargura. Creo que su hija está gravemente enferma, pendiente de una decisiva intervención quirúrgica. El comandante jamás habla de este tema, pero me lo cuenta Alma, que sabe todo de todos, excepto de mí. Asegura que es cuestión de tiempo. Es posible, le replico.

El espía

Josué me dice que un señor ha preguntado por mí.

—¿Ha dicho quién era?

—No, pero dijo que volvería.

Me olvido del asunto. A la mañana siguiente, al salir de casa, me encuentro a un hombre apoyado en la pared, frente al *German Speaking Building*, hace como que lee un periódico. Se dirige a mí y se presenta. Es F, espía del CESID. Los espías del CESID no se presentan como espías nunca. Si así fuera serían una mierda de espías, pero reconozco enseguida que es espía. ¿Por qué? Porque asegura que trabaja como periodista en la embajada de Damasco. Muchos espías declaran ocupaciones innecesarias e improbables, y la profesión de periodista suele ser bastante socorrida. F es el ex marido de Carmen y padre de su hija. Ah, exclamo. (No sabía que el ex viviera por esta zona del mundo).

—Carmen me dijo que usted vivía en España.

—Es cierto, estaba en España, pero ya no. ¿Te parece que nos tuteemos? Pareces muy joven.

—...

—Solicité el traslado a Oriente Medio hace unas semanas. Estoy destinado en Siria. He venido a Beirut sólo de visita. Querría volver a intentarlo con Carmen, si te soy sincero.

—¿Intentar qué?

—Volver con ella, ya te lo he dicho. Yo la quiero.

—Son asuntos que no me incumben, como puedes entender. —No encajo bien tanta sinceridad en desconocidos. Me muestro descaradamente antipático.

—Te he visto con ella.

—¿Es que nos ha estado espiando? —Podría ser un tipo peligroso, un psicópata, un maltratador de género. Mejor será que no nos tuteemos.

—Esas cosas se saben. —Esas cosas se saben o no se saben.

—Somos amigos, nada más —añado, intentando zanjar el tema.

—Ya, amigos... —Tiene la mirada perdida, mal síntoma.

—Por mi parte no hay nada más, y no me gustaría que me mezclara en asuntos tan íntimos.

—¿Crees que está enamorada de ti?

—¿Y ese tipo de preguntas? Yo no estoy enamorado de ella, eso puedo asegurárselo. Le tengo aprecio y somos amigos, nada más.

—No te he preguntado eso.

—No creo que Carmen esté enamorada de mí, si es eso lo que desea escuchar, le repito que somos amigos y este tipo de interrogatorios me resultan bastante embarazosos. Ahora, si me disculpa...

Me marcho sin volver la vista atrás. Telefoneo a Carmen y le narro el episodio. Se enfada muchísimo.

—Le he dicho que somos amigos y me ha preguntado que si estás enamorada de mí. Le he dicho que yo no estoy enamorado de ti. Estarás conmigo en que hablar de estas cosas con desconocidos no es muy habitual. A mí me parece hasta violento, vaya.

—Lo siento —me dice con voz compungida.

—¿No será tu ex un tipo peligroso?

—No, F es sólo un hombre persistente. Le gusta involucrar a otras personas en nuestros asuntos. ¿Qué le has contestado a lo otro?

—No te entiendo.

—A la pregunta de si yo estoy enamorada de ti.

—Que no lo creo.

—Bien, mejor así.

—Carmen.

—Dime.

—Me vuelvo a España.

—¿Cuándo?

—Pronto.

—Te despedirás de mí antes, ¿no?

—Claro.

La vida va cerrando secuencias; son los puntos que en un futuro puede que se unan y funcionen para otros cometidos, o igual son puntos que permanecerán en el firmamento, como estrellas solitarias y muy lejanas, inalcanzables.

No soy nadie para juzgar las vidas ajenas.

Bastante tengo con la mía.

Los escritores comprometidos

Estoy recibiendo clases de francés. Cuando la profesora habla me fijo mucho en sus labios. Ella se fija en mis ojos y me desconcierta. Deberían enseñarnos a mirar a los ojos de la gente. Nadie me ha enseñado a sostener la mirada. Deberían, ¿no creen? O es consustancial y te surge de forma espontánea y natural, o alguien tendría que instruirnos en estos temas. No mires a los ojos de la gente, me dan miedo, siempre mienten, dice una canción de Golpes Bajos. Cuando hablo intento mirar a los ojos de mi interlocutor, no así cuando escucho. Debo corregir esa mala costumbre. Mi profesora de francés dice que un escritor comprometido es un *écrivain engagé*. Observo el movimiento de sus labios y luego intento perfeccionar mi pronunciación.

Si tuviera que recomendar una novela que tratara asuntos de negocios, de mercados financieros y de derecho mercantil, sería *El dinero*, de Zola. Es un gran escritor, y además decididamente *engagé*. Curioso, el protagonista de *El dinero* proyecta negocios en Oriente Medio, en concreto en Líbano, y crea un banco para obtener capital y financiar esos supuestos proyectos que le rendirán grandes beneficios. Zola, ¡qué grande eres!

Esto del compromiso y la función social que ha de ejercer el intelectual, en general, y el escritor, en particular, es un tema recurrente, pero no me resisto a exponer algunos puntos de vista. Trascribiré una muy sensata reflexión de Antonio Muñoz Molina, si les parece:

> *El intelectual desacierta cuando se convierte en sujeto político desde su condición de intelectual, y ello ha de ser únicamente desde su condición de ciudadano. Frente al modelo Sartre, que predica desde el diván, porque es Sastre, yo prefiero el modelo Camus, que es el modelo de ciudadano que se siente afectado por un problema. Yo desconfío profundamente del intelectual como clase, como clase que se cree con derecho a decir a los demás lo que tienen que hacer. No acepto a esos intelectuales que dicen a los demás cómo tienen que vivir, pero ellos no hacen lo mismo. Es el intelectual que celebra un régimen donde él no vivirá nunca.*

Un novelista puede ser el creador de una monumental y brillante carrera literaria, pero sus declaraciones públicas o sus artículos de opinión pueden resultar solemnemente absurdos o estúpidos. Hay escritores que publican en periódicos y revistas unos artículos (méritos literarios aparte) tan simplones o gilipollescos, que podrían hacer sonrojar al más entusiasta de sus admiradores. Dice Carlos Fuentes que se puede ser un genio literario y un idiota político. Lo más razonable sería trazar una línea que divida la obra en sí de las opiniones políticas o culturales del escritor, porque la gilipollez está muy presente en este mundo literario.

Saramago es un escritor comprometido, dicen. Sus novelas te pueden gustar más o menos, pero cuando habla de política puedes hacer tres cosas: la primera, aplaudirle a rabiar; la segunda, ignorarlo; la tercera, partirte de risa. En *La Caverna*, el Nobel portugués no disimula su odio-rechazo hacia el sistema de producción y comercialización capitalista. Las grandes superficies comerciales son malas, y el alfarero, con su arcaico mecanismo de producir recipientes de arcilla, es bueno. Esto debe de ser como el lenguaje binario de las computadoras, o la confrontación de keynesianos y monetaristas a la que aludí en páginas anteriores. Las conclusiones son sencillas y el lector lo tiene muy fácil para *alinearse con el bien.* Joseph Shumpeter fue el economista que ideó la expresión *destrucción creadora* para significar el desarrollo de las sociedades capitalistas a través de las fuerzas innovadoras de las empresas. Unas avanzan con nuevos sistemas de producción, nuevas técnicas de fabricación, nuevas estrategias de marketing. Otras se van quedando atrás; desaparecen. La destrucción creadora, como la teoría de la evolución de las especies, donde los más fuertes se imponen sobre los más débiles.

Belén Gopegui, otra escritora comprometida, atesora una obra importante y, a mi modo de ver, bastante digna. Algunas de sus novelas han sido llevadas al cine. En *El principio de Arquímedes*, película de Gerardo Herrero, Gopegui no oculta una inteligente y audaz crítica al sistema de economía de mercado. Una empleada de una cadena de tiendas ve cómo su carrera profesional, a medida que escala posiciones, va deteriorando el equilibrio de su vida familiar. En una escena de la película, la protagonista se encuentra en una cafetería y su mirada se fija detenidamente en el exprimidor de naranjas. Los trabajadores y las naranjas;

el exprimidor y el sistema capitalista; el camarero y el empresario. Todo muy sencillo, todo muy binario.

No he leído toda la obra de Gopegui, pero lo que ha caído entre mis manos, hasta ahora, me ha gustado. La belleza de la literatura reside también en la aparente incoherencia que se produce cuando el lector se apasiona por una novela, un artículo de periódico o un ensayo, aunque discrepe totalmente del mensaje, del enfoque del tema, del contenido, del punto de vista del autor.

—Te devuelvo la película —me dice mi profesora de francés—. Muy interesante.

—El guión es de una *écrivain engagé*.

—Pero, ¿es auténtica? Porque ya sabes que hay escritores que representan un personaje: sus propios actos, sus manifestaciones, cualquier gesto, cualquier pose, su vida, en suma, forma parte de un juego literario.

—Yo creo que es auténtica.

Uno de los principios del marketing moderno reside en alcanzar el posicionamiento de marca, situar el nombre, el logo, los colores corporativos, el producto en sí, en la mente del consumidor. Un escritor también puede ser una marca que pretende posicionarse. No creo que Gopegui busque posicionar ninguna imagen en la mente de su público. Las estrellas de cine, los líderes políticos, hasta los futbolistas, en todo caso, podría ser, pero esta mujer parece ser auténtica y creer lo que defiende.

—Pero hay algo en ella que me produce un tremendo rechazo.

—¿Qué es? —me pregunta la profesora.

—Defiende el régimen comunista de Castro, todo lo contrario que Zoe Valdés, por ejemplo, otra *écrivain engagé* que ha sufrido al dictador. Dos caras de la misma moneda.

—Pareces estar muy convencido de tus ideas. Si llevamos el relativismo al extremo más absoluto ¿podrías estar equivocado? A lo peor, Castro, y por tanto, Lopegui...

—Gopegui.

—Pues eso, a lo mejor Gopegui está en lo cierto y el resto del mundo se equivoca.

—Me resisto a ejercer el relativismo, querida. No todo vale en esta vida.

El ex sargento Edwin Goldstine, antiguo compañero de Iron Rinn, el protagonista de *Me casé con un comunista*, es un próspero empresario americano. Define el capitalismo como un sistema de caníbales que está en armonía con la vida, y por eso funciona.

> *Mira, todo lo que los comunistas dicen del capitalismo es cierto, como lo es todo lo que los capitalistas dicen del comunismo. La diferencia estriba en que nuestro sistema funciona porque se basa en la verdad del egoísmo humano, mientras que el suyo se basa en un cuento de hadas sobre la humanidad de la gente.*

La interpretación marxista de la historia bien podría servirnos para abastecer los contenidos de asignaturas como historia del pensamiento económico o filosofía del derecho, pero tiene pocas probabilidades de albergar alguna aplicación práctica. Es más, nos puede conducir a una injusticia mayor que la que pudiera provocar el capitalismo. Muchos departamentos universitarios están plagados de comunistas de salón que, como fósiles, se aferran al sillón universitario, sin ninguna perspectiva de evolución o cambio. Los marxistas sostienen que la brutal confrontación que se genera en la humanidad debe resolverse a través de la lucha de clases y el fin último sería un Estado colectivista donde todo es de todos. Viva el mal, viva el capital, decía la bruja avería en *La bola de cristal*.

—Un cuento de hadas sobre la hermandad de la gente, vamos. Eso es lo que piensan estos *escritores comprometidos*.

El universo
exento

El sesenta por ciento de la gente, a ojos de los demás, es gilipollas, según se demuestra en un estudio publicado por la Universidad de Littlewood. Profesores de esta prestigiosa institución han desarrollado una investigación estadística sobre una muestra de personas de diferentes edades, sexo, estudios, nivel de renta o procedencia geográfica. El equipo de investigación, capitaneado por el doctor Newman, ha convivido con este grupo de gente, extrayendo interesantísimas opiniones cruzadas de unos y otros. La evaluación se ha basado en modelos regresivos no lineales, cuya programación ha sido efectuada por expertos informáticos de la Universidad de Michigan, lo que otorga cierta solvencia a las conclusiones obtenidas.

Sí, el resultado es esperanzador.

Newman ha desarrollado con éxito la teoría de los conjuntos gilipollescos. A nuestro alrededor vive una inmensa mayoría de gilipollas. En un universo integrado por grupos de gilipollas se forman conjuntos de naturaleza más o menos análoga que se unen e interseccionan hasta alcanzar un punto infinito. Como el punto infinito no se puede representar en el diagrama de Euclides, las probabilidades de que el propio investigador sea gilipollas son bastante altas. (Aquí la teoría es un tanto imprecisa y farragosa; habría que realizar un mayor esfuerzo intelectual). En ese hipotético punto infinito se halla el universo exento, aunque, probablemente, este espacio sea una quimera porque todo el edificio teorético se construye bajo el siguiente axioma:

> *Siempre habrá alguien que te considere gilipollas, por tanto, fijar un territorio exento, por más que los conjuntos confluyan, es imposible.*

En cualquier caso, entre los conjuntos gilipollescos y el universo exento se nos abre un amplio abanico de posibilidades. Los resultados apuntan hacia campos de estudio relacionados con la antropología, la sociología y la psicología social, mayormente. Pero el profesor Newman ha ido más lejos y ha aplicado la teoría de los conjuntos gilipollescos al ámbito económico. En realidad, todo es muy confuso, pero tiene algo de atractivo, no sé si me explico.

He comprado *The Empty Universe* («El universo exento», mejor que «El universo vacío»), el ensayo del profesor Newman, publicado por la prestigiosa editorial Emerson PR. Me lo recomendó Carlos, a quien desde aquí rindo tributo. Llevó ya más de cien páginas leídas. El libro, así, como primera reflexión, es una mierda, pero la franja de papel que abraza la solapa, una suerte de bufanda con reclamo, asegura que se han vendido más de cuatrocientos mil ejemplares en todo el mundo. Por consiguiente, retiro lo de *mierda*. El libro se circunscribe a un entorno más gilipollesco que otra cosa, pero eso no significa que tengamos que endosarle ese desagradable calificativo.

Déjenme que termine de leerlo antes de emitir un juicio definitivo. (Podría traducirlo al español. Me veo capaz. Se lo propondré a Amanda, que es editora. Igual es una buena idea).

La explosión

Estando en clase se escucha una explosión. El comandante sale enseguida. Temo lo peor, dice para sí. Nos asomamos a las ventanas. Hay militares que corren hacia la plaza de L'Etoile en dirección a La Corniche. Muy pronto suenan las sirenas de la policía y las ambulancias. Las profesoras salen al pasillo. Los alumnos están inquietos; algunos se asoman a las ventanas. El director no está en este momento, en su ausencia sería Carlos, como administrador del Instituto Cervantes de Beirut, quien debería tomar una resolución. Por ahora no hay motivo para suspender las clases. Parece que vuelve la calma relativa, en espera de noticias. No es un atentado cualquiera, sospecha Alma, esta vez no. Fouad, el ordenanza del centro, vuelve de la calle. Está muy nervioso y su precario español se hace difícilmente reconocible. Primero habla en árabe, luego traduce. Ha explotado un coche bomba frente al hotel Saint George. Dicen que ha alcanzado al convoy del primer ministro. Han asesinado a Hariri, exclama Sole, una de las profesoras que acaba de llegar, visiblemente consternada. Se lo ha dicho un fotógrafo que trabaja en *L'Orient-Le Jour*. Al poco rato, Carlos nos comunica que las clases deben suspenderse. Se marcha a su despacho, está esperando una llamada de la sede central.

Vuelvo andando a casa. No es fácil encontrar un taxi y la probabilidad de que haya muchas calles cortadas al tránsito es muy alta. Mientras camino pienso en mi barrio de El Zapillo. Existen bastantes coincidencias entre Hamra y El Zapillo. Calles ortogonales, ausencia de parques, aceras estrechísimas. Lo que llama la atención de Hamra son los cables que cruzan de un lado a otro. Hamra es un barrio de cables. Los cables cruzan las calles, de fachada a fachada, y algunos libaneses tienen los cables cruzados, como una extensión de la vida callejera.

El centro está tomado por militares. Uno de ellos me hace un alto en el camino y me solicita la documentación. Le muestro mi pasaporte y me pregunta qué hago en Líbano. Le contesto que trabajo en el Spanish Cultural Center, soy profesor. *Spain, yes*, Raúl, Real Madrid, me responde. Cierra el puño con el pulgar hacia arriba, como si fuéramos colegas de alguna peña madridista, se despide: ok, *habibi*. Le pregunto, sólo para calmar mi nerviosismo interior: ¿*Everything* ok? Me responde sonriente, debe de pensar que mi pregunta es tonta. *Of course. You're welcome.*

Las calles de Hamra están desiertas y la mayoría de las cafeterías han cerrado sus puertas, aunque debe de haber gente dentro. Starbucks permanece abierto, así como Barbar, el restaurante donde acudo con frecuencia. En situaciones de crisis afloran los nervios, pero a mí me da por comer. Entro en Barbar y pido una brocheta de pollo, unas rodajas de tomate con aceite de oliva y rollitos de queso. La cocina libanesa es muy rica y nutritiva. Emplean productos mediterráneos, normalmente de alta calidad, pero mi estómago es bastante clásico y no acostumbro a salir de mi *círculo habitual*. Pollo, tomate, queso, aceite, cosas de esas. En Barbar no venden bebidas alcohólicas, ni tienen coca-cola, así que bebo Pepsi.

El camarero me confirma que el atentado iba dirigido contra el primer ministro. Hay nueve o diez muertos, incluido el propio Hariri. ¿Quién ha podido ser?, le pregunto. En Líbano no es fácil que una persona te confíe sus opiniones políticas, pero el camarero es amigo.

—Muchos estaban interesados en que Hariri abandonara el poder, pero no de esta forma —contesta aburrido, sin responder a mi pregunta.

—Y ahora, ¿qué puede pasar?

—Lo de siempre —responde lacónicamente.

Vuelvo a mi apartamento. Ha anochecido y los zapatos de Josué no están en la puerta.

El regreso

Esta mañana me he despedido de los amigos de Hamra. A todos les digo lo mismo: nos veremos pronto. Ayer noche estuve de cervezas con Carlos. Su mujer y su hijo están en España. No terminan de adaptarse a la vida libanesa. Muy pronto solicitará un nuevo destino, me cuenta. Le gustaría vivir en una ciudad no muy alejada, como Lisboa, París, Milán o Londres. La cerveza Almaza, la *local beer*, está exquisita, y en la cafetería City, donde suelo acudir a leer y ver pasar a la gente, la suele acompañar con tiras de zanahoria a modo de aperitivo. Lo de las zanahorias es muy habitual aquí. Una costumbre muy saludable, ya lo creo.

Le he dado un efusivo abrazo a Josué. ¿Estás bien? Sí, gracias a Dios, me dice. La metralla de la explosión le alcanzó parte de la cara y el brazo derecho. Sólo fueron dos días en el hospital, poca cosa, me explica animado, enseñándome el vendaje. No sabes cuánto me alegro. Mucha suerte en tu nuevo trabajo, me desea.

Varias llamadas a Carmen, pero no responde.

Viajo en un vuelo directo. Por fin Iberia se ha decidido, aunque no creo que esta línea aérea sea muy rentable. El avión apenas lleva pasajeros. Una aeromoza me ofrece un zumo de naranja y una bolsita de manises. Aprovecho estas horas para continuar con mi traducción de *El universo exento*, el *best seller* del profesor Newman. Amanda me ha comentado que si «paso la prueba», podría encomendarme otros proyectos. También me ha sugerido que me inscriba en algunos seminarios que te enseñan las claves del trabajo como corrector y lector. Se pagan mejor las traducciones, pero esto también te puede interesar, me indica. Lo de asesor de finanzas no me va mal, cuestión de intuición, más que otra cosa. Mi padre me dice que me puede conseguir clientes, que conoce a gente dispuesta a invertir en el mercado bursátil. Lo hablamos. De acuerdo.

Ya he regresado. Estoy viviendo en un apartamento de la calle Goya. Puedo costearlo, pero no es una opción inteligente porque es muy caro y existen otras alternativas.

Buscaré otra cosa.

La pendiente
negativa

He acudido al hospital Gregorio Marañón. El comandante Khalaf me recibe con especial emoción y se le han saltado las lágrimas. Su hija se recupera. Pronto saldrá de la UCI y volverá a planta.

Planta		Casa
	Quirófano	Planta
	UCI	

Esa es la secuencia perfecta, me ha dicho. La vida son secuencias. Me presenta a la madre de su hija y me invitan a comer. Les digo que tengo otro compromiso, les doy las gracias y les deseo todo lo mejor.

Por la tarde, en una célebre librería cercana a mi apartamento, me encuentro con Rubén. Cuánto tiempo. Qué has hecho en estos años. Y qué hay de aquello de los *Libertarios de los últimos días*, en fin: breve resumen de nuestras vidas. Me cuenta que es director de un colegio. Le comento que ahora estoy traduciendo para una editorial y no sé muy bien qué camino profesional debo tomar (Los árboles de decisión). Tengo una propuesta de mi empresa, pero tendría que marcharme otra vez al extranjero. Mi última experiencia laboral fue como profesor de español. Impartí un seminario sobre economía y finanzas en el Instituto Cervantes. Me dice que en su colegio andan buscando profesores que puedan impartir clases en inglés. ¿Te atreverías? No sé. Pásate por mi despacho y charlamos, ¿ok? Si te gusta la enseñanza, este puesto es muy atractivo. No te vamos a pagar mucho, pero tendrías tiempo libre. Además, los patronos también regentan una escuela de negocios, posiblemente tu perfil se adapte a cotas más altas, me asegura. El perfil otra vez.

A última hora de la tarde visito un hipermercado. En la sección de frutas veo una manzana que parece decirme «cómeme». El precio depende del peso que marque la balanza, como es lógico. A más peso, más pagas. Si tuviera que destacar algo de mi época en la universidad, les diría que lo que más me llamó la atención fue la pendiente negativa de la curva de demanda. En la mayoría de las ocasiones, comprar más de un producto implica un ahorro relativamente importante. «Llévese cuatro y pague tres», dice el clásico reclamo publicitario que podemos leer en muchos anuncios. Pero esto no siempre es así.

Estoy comprobando que el precio de las unidades individuales de yogures, latas de refrescos, papel higiénico o botellas de agua puede resultar más barato que si compramos el *pack* completo de seis u ocho unidades. Ahora resulta que estas promociones, a las que llaman *pack ahorro*, no se traducen en un ahorro económico. O sí. ¿Se referirán al ahorro de tiempo, no tener que acudir al híper tan a menudo para reponer la despensa o el frigorífico? ¿Un ahorro de gasolina, quizá? Se despierta mi curiosidad. Mi conciencia me dice que la mejor manera de despejar la incógnita es consultando a un profesional, un profesional del comercio. Solicito una entrevista con el gerente del hipermercado. Evitaré dar nombres.

Estoy enfrente de una mujer, debe de ser la secretaria de dirección. Me ha dicho que es inútil que espere, pero yo persevero en el intento. La vida es más llevadera para los que perseveran. En la publicidad nos advierten: «Si encuentra el producto más barato le devolvemos su dinero». Le diré al gerente que al desempaquetar el *pack ahorro*, delante de la cajera, como por arte de magia, obtengo un producto ligeramente más económico que si facturamos todo el paquete. La secretaria de dirección me dice que el gerente se acaba de marchar y que no estamos en horario de oficina, o sea, me invita a salir. No sabía que el despacho del gerente tuviera dos puertas.

¿Quieren que les diga algo? No pienso abandonar el hipermercado. De ninguna de las maneras. Decido acudir a la sección de bollería. Alcanzo un paquete de sobaos pasiegos y me voy comiendo uno, mientras ando plácidamente por los pasillos. Soy moderadamente feliz. Que no me pase lo que a Borges. Ahora abro una coca-cola zero y le doy un sorbo. No está fría. La dejo encima de una estantería de zapatos de señora. Me dirijo a la sección de deportes. Hay una cesta con pelotas de baloncesto. Boto una pelota, no tiene suficiente presión, pero me apaño. En Almería se diría que le falta viento. Cuando paseaba en bicicleta por las calles de mi barrio y las ruedas parecían desinfladas, nos acercábamos a una gasolinera e inyectábamos «viento» (que no aire) a los neumáticos. Boto la pelota. Al principio, de forma lenta, con cautela. Luego me voy emocionando y realizo un contraataque. Giro media vuelta y cambio de mano. Boto mejor con la derecha que con la izquierda, pero aún así, me voy defendiendo. Sujeto la pelota con ambas manos, y me planto delante de una montaña de paquetes de papel higiénico de dos capas (los de tres capas no están de oferta), salto y cuando me encuentro en el punto más alto, retando la ley de la gravedad, suspendido en el aire unas décimas de segundo, lanzo la pelota por encima de la montaña. La bola se pierde entre otros productos de limpieza.

La gente me mira desconcertada. Nadie se atreve a decir nada, ni siquiera un operario que repone latas de atún, a escasos metros. No me pagan para llamar la atención a los clientes díscolos, pensará.

Un niño de unos seis años parece entusiasmado con mi jugada y me aplaude. Le obsequio con una tableta de chocolatinas. La madre se acerca y se la quita de las manos, mirándome con expresión poco amigable. El padre, detrás, empuja un carrito y no parece haberse percatado del suceso.

Me acerco al reponedor de estanterías y le pregunto si ha leído *La flaqueza del bolchevique*. Me contesta que sí. (Casualidades de la vida).

—No me encuentro en ninguna de esas categorías profesionales, amigo —me dice, sin dejar de colocar artículos.

Estoy tan feliz que me deslizo sobre un monopatín y persigo a una empleada del hipermercado que se desplaza en patines. Un guardia jurado se aproxima. Me invita a dejar el monopatín en su sitio y a abandonar el recinto. Es Paco, mi amigo Paco de toda la vida. Me alegro de verte, hombre. (Abrazo sincero). Pero ¿es que te has vuelto loco? Pues igual sí. Espérame a la salida y nos tomamos algo. Cómo no, le contesto.

Los libros nunca
son triviales

Al día siguiente me acerco a la Feria del Libro en busca de Amanda. Su editorial ha dispuesto una caseta. Justo al lado, Sid Lambert, el afamado presentador de televisión y notable escritor de ciencia ficción, firma autógrafos.

—¿Cómo van las ventas? —le pregunto a Amanda.

—Bueno, no me quejo, pero mejor le van al fabulador de ahí —me dice, señalando con un leve arqueo de cejas y una ligerísima inclinación de cabeza hacia la caseta contigua.

Amanda y yo decidimos pasear por el Retiro.

—De qué sirve una buena reseña en un periódico de gran tirada, o una crítica positiva de este o aquel refutado filólogo si luego nadie te compra —comenta Amanda—. Luis Mateo Diez, por ejemplo, considera que la literatura comercial es trivial, que un *escritor leído* no lee *El Código da Vinci* porque se trata de un tipo de novela dirigida al lector no exigente y que te lleva a la trivialidad.

—O sea, los lectores de *El Código da Vinci* son triviales.

—Bueno, Mateo Diez es académico de la lengua...

—Bien, ¿y...?

—Dice que en los últimos años se está dando una propensión excesiva a la comercialización.

—La comercialización… ¡Ay, el mercado de libros, qué malo es! —exclamo con ironía—. Luis Mateo Díez debe de ser un *escritor no leído* y trivial.

—¿Por qué dices eso?

—¿Ha leído esa novela?

—¿Qué novela, *El Código da Vinci*? Pues no sé…

—¿Acaso es capaz de opinar sobre algo que *no* ha leído?

—No lo sé, pero, la verdad: si este escritor es coherente con lo que dice, poco o nada le importará vender sus libros. De hecho, sostiene que la excesiva comercialización no es buena.

—Admiro a Mateo Díez, un novelista que escribe muy bien, nada trivial, en realidad, pero discrepo rotundamente de su opinión sobre el mercado y la literatura.

—¿Sabes? El verdadero negocio no está en producir libros, sino en moverlos. Las empresas de logística nunca fallan.

—¿Y por qué no te dedicas al negocio del transporte y la distribución?

—Porque a mí lo que me gusta es producir libros.

—¿No quieres ser una editora humilde?

—¿Humilde yo?

—Se está nublando.

—Dime una cosa, Javier: ¿qué recuerdas de tus primeros años en la universidad?

—¿Y a qué viene ahora esa pregunta?

—No sé… ¿no quieres contestar?

—Claro que quiero, pero me sorprende.

—¿Por qué te sorprende?

—Por nada, por nada…

—¿Entonces? —insiste Amanda y tras unos brevísimos segundos, le digo:

—De mis años en la universidad recuerdo bastante la pendiente negativa de la curva de demanda. Ya sabes, un bien se demanda en mayor cantidad a medida que su precio baja. En el mundo que nos rodea esto no siempre sucede así, quizá por eso me impactó tanto la negatividad de la pendiente, porque después comprobé que no siempre se cumplía este principio.

—¿Eso es lo que recuerdas?

—Recuerdo muchos episodios, pero la respuesta a tu pregunta es, en este momento, esa.

—Lo que te enseñaron era excesivamente racional y lógico, ¿no es así?

—Demasiado matemático, diría yo. Y menos mal que yo era de los de «letras con matemáticas». —Me detengo delante de ella y le pregunto—: ¿Tú crees que los libros se venden más a medida que bajan los precios?

—No. Son otros factores los que determinan su demanda.

—Intenta descubrir esos factores y serás una buena editora —le contesto.

Seguimos paseando por los senderos del Retiro. Hablábamos de nuestras cosas. Entonces, en mitad de la mañana, enfrenté mis ojos a sus ojos, mi boca con la suya, y la besé largamente.

Poco más tarde, como siempre en la Feria del Libro, comenzó a llover.

Donde paga
su precio

Hay una novela de George Orwell que leí cuando estudiaba bachillerato. Editada por Destino, llevaba como título *Venciste Rosemary* (*Keep the Aspidistra flying*). Trataba sobre un hombre que emprende una batalla contra el dinero. En su deseo de vivir alejado de la riqueza, Gordon Comstock renuncia a su empleo como redactor en una agencia de publicidad, aceptando otro trabajo de aparente menor entidad y con inferior sueldo en una pequeña y modestísima librería. Es una historia que guarda una ligera similitud con *Siddhartha*, el asceta que vivía alejado del mundo; al final, para los protagonistas de estas dos novelas, el nacimiento de un hijo desencadenará el derrumbe de esos inquebrantables principios sobre los que sustentaban sus vidas.

El otro día besé a una editora. Fue en la Feria del Libro.

Terminé de traducir *El universo exento* y Amanda me felicitó. (Muy buen trabajo, Javier). Se incluye en el nuevo catálogo de la editorial. El promotor comercial visita diferentes librerías y se entrevista con los libreros. Les intenta convencer para que acepten algunos ejemplares del catálogo.

De este quiero dos.
De este otro déjame cinco, que esta autora se vende muy bien.
No, este no me interesa, gracias.

Los libreros no disponen de mucho espacio en los escaparates ni en las estanterías que exponen al público. Los libros recién llegados, así como los más vendidos, se dejan sobre una mesa de novedades. La visibilidad es determinante. Llamar la atención del potencial comprador constituye uno de los objetivos fundamentales.

Hay libros que no se adquieren sino que se dejan en depósito y al cabo de unos meses, si nadie los compra, se devuelven a los almacenes de la editorial. Los costes de la distribución son asumidos por la empresa editora. Han hecho un viaje de ida y vuelta sin obtener resultados rentables. Otros, más atractivos, correrán mejor suerte. El librero los compra porque sabe que funcionarán. Arriesga porque cree en el producto. En este caso, el margen que obtendrá por la venta será mayor. Uno de los grandes problemas de las editoriales se encuentra en las devoluciones. Me he equivocado de negocio, nos diría un *humilde editor*. Pero no se ha equivocado de negocio. Hace lo que sabe, lo que puede, o lo que le gusta. Bienaventurados los que trabajan en lo que les gusta. Las devoluciones implican mayores gastos que habrá que repercutir sobre las ventas totales. «Cuanto más devuelvan, menos beneficio tendré. Lo que gano con unos lo pierdo con otros».

Amanda no es una editora humilde, lo sé.

El libro del profesor Newman se expone en el mercado, ese gran sabio que decide lo que funciona y lo que no funciona. Se prepara para el juicio final. Sale del almacén, es transportado en una furgoneta, llega hasta la librería, desembalan el paquete y nuestro libro se coloca a la vista de los clientes. *El universo exento* está bien posicionado e intenta abrirse a codazos entre otros ejemplares de su especie. Que alguien fije la mirada en el color de la portada, en el título, en la encuadernación, en la calidad del papel, en la reseña de la contraportada, en el texto biográfico de la solapa, que lo abran y lean unos párrafos, por favor, que analicen el estilo, o el tipo de letra, algo. ¿Cómo podría llamar la atención? ¿Cómo diferenciarse? ¿Cómo funciona el proceso mental que desencadena la compra?

Cuidado, escondámonos, que viene un curioso. Falsa alarma. No le ha hecho ni caso. Otro cliente, a ver si ahora tenemos más suerte. Lee la contraportada, lee la solapa, ojea algunas páginas y lo deja en la mesa. Se va. No, espera, no se va. Se para a unos metros de distancia. ¿Lo habrá pensado mejor? Vuelve a por el libro. Lo hojea, observa las aristas y acaricia la encuadernación. Sí, lo ha pensado mejor. Cierra el libro y se lo lleva hasta la caja, donde paga su precio.

Agradecimiento
general

Herman Hesse
Siddhartha
Sid Vicious
Luis Alberto de Cuenca
Knut Hamsum
Pan
Lawrence R. Klein
Milton Friedman
Robert Solow
James Tobin
Paul Samuelson
Ingrid Bergman
Humprey Bogart
Karl Marx
Joaquín Sabina
Manuel Alcántara
Kamala
Don Quijote
Cervantes
Backward Looking

Echegaray
Paulo
Asterix
Nino Bravo
Los Puntos
Triana
Obús
Fortu
Una pantera en el sótano
Amos Oz
Germinal
Emile Zola
Santillana
Donald Duck
Walt Disney
Jesús Gil
Julio Ramón Ribeyro
Coleridge
Juan Goitysolo
Campos de Níjar
Chanca
Mary Poppins
Jane, Michael y George Bank
Qué bello es vivir
Frank Capra,
George Bailey
James Stewart
El Corán
El mercader de Venecia
Shakespeare
Paul Volcker
Alan Greenspan

Fernando Pessoa
Casablanca
Lope de Vega
Farmacia de Guardia
Keynes
Ayn Rand
Adam Smith
Charles Dickens
Coketown
José María Aznar
La Biblia
Robinson Crusoe
Daniel Defoe
Ana Frank
Alfonso Guerra
Juan Guerra
Leopoldo Alas Clarín
La regenta
Me casé con un comunista
Philip Roth
Pretty Woman
Richard Gere
Julia Roberts
Juan Bonilla
Alicia en el país de las maravillas
Ronald Coase
Amor y basura
Ivan Klima
Juan Manuel de Prada
Ian McEwan
James Buchanan
Gordon Tullock

Roosvelt
Galbraith
Expresiones
La ruina del cielo
Luis Mateo Díez
Steeve Jobs
Fernando Sánchez Dragó
El sendero de la mano izquierda
Howard Gardner
Enrique Iglesias
José Luis Sanpedro
Escribir es vivir
El país de nieve
Yasunari Kawabata
Mario Vargas Llosa
La fiesta del Chivo
Seda
Alexandro Baricco
Wilfredo Pareto
Lorenzo Silva
La flaqueza del bolchevique
Las uvas de la ira
John Steinbeck
John Ford
Ana en el trópico
Nilo Cruz
Ana Karenina
Mafalda
El mago de Oz
L. Frank Baun
Los viajes de Gulliver
Jonathan Swift

El dinero
Antonio Muñoz Molina
Carlos Fuentes
José Saramago
La caverna
Joseph Shumpeter
El principio de Arquímedes
Belén Gopegui
Zoe Valdés
La bola de cristal
El código da Vinci
George Orwell
Venciste Rosemary